W0336101

Marco Lodoli führt Sie in ein Rom jenseits der Touristenführer, eine Stadt in der Stadt, die unzählige magische Momente bereithält. In zartem Morgenlicht und tiefster Nacht, in strömendem Regen und Sonnenschein flaniert Lodoli durch seine Geburtsstadt und entdeckt bisher Unentdecktes. Er erklärt, was es mit Berninis kleinem Elefanten auf sich hat, erzählt von »sprechenden Statuen« und einem Olivenbaum, auf dem drei weitere Bäume wachsen, und stößt auf allerlei Kostbarkeiten bei einem Streifzug durch die quirligen Marktstände von Val Melaina.

Marco Lodoli, 1956 in Rom geboren, arbeitet dort als Schriftsteller, Journalist und Lehrer. Seine Romane und Erzählungen wurden in viele Sprachen übersetzt. Seine Feuilletons erschienen regelmäßig in der italienischen Tageszeitung *La Repubblica*.

Gundl Nagl (eigentlich Gundl Hradil), geboren 1939 in Wien, arbeitete als Lektorin und in der Dramaturgie der Salzburger Festspiele. Übersetzungen aus dem Italienischen: allesamt Werke des römischen Schriftstellers Marco Lodoli.

insel taschenbuch 4453

Marco Lodoli

Unter dem blauen Himmel Roms

MARCO LODOLI

Unter dem blauen Himmel Roms

Neue Streifzüge durch die Ewige Stadt

Aus dem Italienischen
von Gundl Nagl

Insel Verlag

Die italienische Originalausgabe erschien 2014 unter dem Titel
Nuove isole. Guida vagabonda di Roma
bei Giulio Einaudi editore S. p. A., Turin.
© Stefano Ravera, mauritius images, Mittenwald

Erste Auflage 2016
insel taschenbuch 4453
Deutsche Erstausgabe
© Insel Verlag Berlin 2016
© Marco Lodoli. All rights reserved handled
by Agenzia Letteraria Internazionale, Milan, Italy
Alle Rechte vorbehalten, insbesondere das des öffentlichen Vortrags
sowie der Übertragung durch Rundfunk und Fernsehen,
auch einzelner Teile.
Kein Teil des Werkes darf in irgendeiner Form
(durch Fotografie, Mikrofilm oder andere Verfahren)
ohne schriftliche Genehmigung des Verlages reproduziert
oder unter Verwendung elektronischer Systeme
verarbeitet, vervielfältigt oder verbreitet werden.
Vertrieb durch den Suhrkamp Taschenbuch Verlag
Umschlag: hißmann, heilmann, hamburg
Umschlagfoto: Harald Nutz, Anif
Satz: Satz-Offizin Hümmer GmbH, Waldbüttelbrunn
Druck: CPI – Ebner & Spiegel, Ulm
Printed in Germany
ISBN 978-3-458-36153-4

Unter dem blauen
Himmel Roms

Unsere Inseln können Bilder sein, Bäume, kleine Plätze, Orte, an denen die Schönheit Zuflucht findet, aber auch Augenblicke, gewisse Viertelstunden, verborgen im Getriebe des Tages, Minuten, die aufgelesen werden wie kostbare Steine.

Unsere Epoche neigt sich unaufhaltsam der Nacht zu, die Jugend ist darauf eingestellt, um elf Uhr abends auszugehen, Verabredungen werden für zwei Uhr früh getroffen, für drei Uhr und für noch später, wenn die Zeiger längst vom Ziffernblatt gefallen sind. Ich aber glaube, dass Rom sein Bestes am frühen Morgen gibt.

Aus vielerlei Gründen stehe ich früh auf und gehe hinunter in die Straßen des Viertels: Es ist beinahe niemand unterwegs. Aber mit diesen wenigen versteht man sich anhand eines Blicks: Wir sind die, die das Bedürfnis nach einem Beginn verspüren, die, die eine halbe Stunde Ruhe genießen wollen, ein Stückchen geschenkter Zeit. Kein Lokal hat geöffnet, es gibt keine Schlangen vor den Verkehrsampeln, es gibt nichts zu tun, außer Gehen und die frische Luft einatmen, die sich langsam erwärmt und schmutzig wird.

Witwen mit Hund, Zeitungsverkäufer, den Zigarettenstummel im Mund, Arbeiter, bereit für die Baustelle, Liebende, die aus irgendeinem Haus geschlüpft sind, und dann der Verrückte, der kreist und kreist und wie eine zerbrochene Schallplatte wiederholt: »Ich hab die doch gern gehabt, wirklich gern.« Und dann der Mann, der die Milch bringt, der Pensionist, der nie schläft, der Fanatische, der in Unterhemd und kurzer Hose läuft und schwitzt, der Typ, der schon um sechs Uhr morgens mit der ganzen Welt zerfallen ist, der Junge, der auf seinem Moped singt, und noch viele andere, alle aber bemerkenswert.

Niemand hat sich vom Chaos der Nacht verwirren lassen, niemand ist gekleidet, als würde er ausgehen: Jeder ist nur er selbst, eine Blase aus Licht, die am frühen Morgen umherstreift. Jeder ist früh aus dem Haus gegangen, weil er etwas ganz besonders Wichtiges zu sagen hat oder weil er in der Nacht einen Biss des Todes verspürte und deshalb Leben atmen will.

Es gibt Treppen, die jeder Römer erklimmen muss, und dabei beziehe ich mich nicht auf die in Regina Coeli, früher die Darbietung wahrhaftiger Romanità für jeden Spitzbuben. Besser ist es, andere Stufen hinaufzusteigen, gute fünfhundertfünfundfünfzig: die, die uns in die Spitze der Kuppel von Sankt Peter bringen.

Dazu muss man ein paar Warteschlangen in Kauf nehmen, einen Metalldetektor passieren, Geduld haben, fünf Euro zahlen, und dann beginnt der Aufstieg. Er ist beschwerlich, aber die Beine halten mit; problematisch kann es für den werden, der unter Klaustrophobie leidet, weil die Treppe nach einem geräumigen und leichten Anfang eng wird und sich dreht, und uns jeder rechte Winkel und jeder festsitzende Gedanke verlassen.

Es gibt eine wunderbare Zwischenrast vor der letzten Steigung: Plötzlich finden wir uns mit dem Ausblick auf die Basilika, im schmalen Innenraum des Tambour, zwischen den funkelnden Mosaiken des Cavalier d'Arpino*. Die Gläubigen, die Neugierigen, die Touristen unten sind winzige Ameisen, verloren auf dem farbigen Marmor. Es ist, als wäre man mitten in einem Traum, dem täglichen Leben entzogen, den üblichen Erklärungen. Hier sind wir im vergoldeten Himmel der Renaissance, in einem künstlichen Paradies. Aber wir müssen weiter, die Treppe erwartet uns, bringt uns höher hinauf.

Schritt für Schritt wird der Raum kleiner, wir spüren die Atemnot von dem, der uns folgt und die Bedenken dessen, der fürchtet, nicht in der Spitze anzukommen: Es scheint uns, als würde man das Pochen eines jeden Herzens hören. Die Schnecke des heiligen Andreas – so heißt diese Wendeltreppe – steigt und dreht sich so sehr dabei, dass uns der Kopf darüber schwindlig wird. Um den letzten ganz ganz engen, ganz ganz steilen Treppenabschnitt zu schaffen, muss man sich an einem Seil festhalten. Noch eine Anstrengung, ein Muskelziehen, ein Schubs und noch ein Schrei in diesem schwindelerregenden Uterus, und wir sind im Licht, wie neugeboren in verblüffender Höhe, auf dem Gipfel der Stadt, auf dem Gipfel der Welt.

Und alles liegt vor unseren Augen, Rom leuchtet in der Märzsonne, und für eine Minute erscheint uns das Leben wundervoll.

Der Petersplatz ist voller Symbolik: elliptisch wie das Universum, gebildet durch zwei Halbkreise, die eine Einladung zum Umarmen andeuten, geschmückt durch einhundertvierzig Heiligenstatuen, die zwischen Erde und Himmel schweben, als zeigten sie die nötige Vermittlerrolle der Kirche an, mit diesen Säulen, die sich bei jedem Schritt und jedem Blick ins Leere öffnen und wieder schließen, wie ein steinerner Wald, in dem die Vernunft sich verliert und wiederfindet.

Die Arbeit daran dauerte von 1656 bis 1667, von Papst Alexander VII. heftig herbeigesehnt, von Bernini* entworfen und wieder verworfen, dem es zunächst nicht gelang, die perfekte Form zu finden, sich der zu breiten und zu schweren Fassade von Maderno* anzunähern und die Basilika mit der religiösen angstvollen Unruhe der Pilger zu verbinden. Zuerst dachte er an ein großes Trapez, dann an einen Kreis, schlussendlich fand er die Lösung in diesem architektonischen Wunderwerk, Resultat außerordentlich raffinierter Kalkulationen, von erzwungenem Gleichgewicht, von Konvergenzen und Divergenzen, bis zur Begrenzung durch den bewegendsten leeren Raum der Weltgeschichte.

Wie oft bin ich in der Nacht über diesen intimen und windverblasenen Platz gegangen, auch um dem ewigen Gesang des Brunnenwassers zu lauschen, wobei ich die Punkte auf dem Boden suchte, die alles begrenzen und wieder zusammensetzen, als wären sie Antworten auf die innere Verwirrtheit. Schon als kleiner Junge fühlte ich, wie sich dieser Platz von den anderen unterscheidet, als wolle er sich auf geheimnisvolle Weise mit dem Dunkel des Himmels verbinden.

Und heute gleicht der Petersplatz noch viel mehr einer majestätischen Erwartung, einer ziellosen Umlaufbahn, dem Maul eines Vulkans, der das erhellende Feuer erwartet. Überall reihum sind die Kameras von tausenden Berichterstattern postiert, sie scharen die Journalisten aus der ganzen Welt um sich, suchen nach einer Nachricht, einem Detail, einer Geschichte, die man erzählen kann. Und der Platz schweigt, bevölkert und doch ganz still, umgeben vom Säulengang Berninis und weit aufgestoßen für eine Frage, die noch keine menschlichen Antworten findet.

Für einige Minuten das zersprengte Leben der Plätze verlassen, den Blick nach oben richten, wo sich alles zu einem einzigen Blick vereint und jedes kleinste Detail nur Element eines ausgedehnten Landschaftsbildes zu sein scheint: Manchmal dient auch diese Askese dazu, die Vorstellung wiederzufinden, in der alles einen Platz und einen Sinn hat.

Der höchste Punkt Roms ist natürlich das Belvedere in der Spitze der Kuppel von Sankt Peter, aber nur wenige wissen, welches der zweithöchste Gipfel der Stadt ist: Es handelt sich um den Turm der Villa Maraini, Sitz des Istituto Svizzero, das sich in der Via Ludovisi befindet. Ein Gebäude, einem riesigen Schloss aus Spielkarten ähnlich; es wurde zwischen 1903 und 1905 vom Schweizer Architekten Otto Maraini* errichtet, der dem Stil dieser Zeit, halb Renaissance und halb Märchen, folgte.

Sein Bruder Emilio Maraini*, ein Industrieller, der Zucker aus dem Extrakt roter Rüben produzierte, hatte diese Liegenschaft kurz zuvor erstanden. Sie fungierte als eine Art Lagerplatz, wo man den Erdaushub der vielen Baustellen der Gegend ablud, ein kleiner künstlicher Hügel, der Saison um Saison höher wurde: Maraini hatte die Idee, die Villa auf dem Gipfel des Hügels zu errichten. Er wollte sie groß, verzaubert, mit einem Turm von sechsundzwanzig Metern Höhe, von dem aus er die ganze Stadt bewundern konnte. 1946 widmete die Witwe Marainis das Gebäude der Kultur, es sollte zu einem Treffpunkt für den intellektuellen und künstlerischen Austausch zwischen der Schweiz und Italien werden.

Hier habe ich Marco Tirelli* kennengelernt, den großen römischen Maler: Seine Eltern hatten im Institut gearbeitet, und so wuchs er zwischen den Ateliers der Künstler auf. Wir waren beide zwanzig, und von Zeit zu Zeit stiegen wir auf den Turm, um die Welt zu betrachten und darüber zu sprechen, was wir tun würden, um auf Leinwänden und auf Buchseiten, auf einem Gemälde, in einem Gedicht, den unendlichen Variantenreichtum und die unendliche Verwirrung des Lebens festzuhalten.

Wenn man jung ist, hilft das Aufsteigen manchmal, um mit etwas klareren Gedanken herunterzukommen.

Und inzwischen hat der Frühling begonnen: eiskalt, voll Sorgen und doch immer auch voll der Hoffnungen, also lasst ihn uns feiern, lasst uns zum spektakulärsten Baum in Rom aufbrechen.

In der Stadt gab es einen drastischen Baumschnitt: Viele Bäume sehen aus wie arme Krüppel, halb die Arme zum Himmel, halb zur Erde gereckt, andere sind alt, andere wiederum wurden abgesägt, weil sie umzufallen drohten. Das scheint kein guter Moment für den grünen Stadtbewohner, aber der Baum des Judas*, der auf den Hängen des Palatin in der Via San Gregorio hochragt, bleibt ein einzigartiger Außenseiter.

Noch ist er kahl und seine nackten Zweige dehnen sich aus, wobei sie die Erde berühren: Er scheint ein pflanzlicher Polyp, der halb in der Luft schwebt, aber bald wird er von hunderten Blüten in einem flammenden Rosa bedeckt sein, beinahe schon violett, und als Hintergrund für tausende Fotografien herhalten, von den Touristen geschossen, die auf Besichtigungstour durch das klassische Rom unterwegs sind.

Die Fachleute sagen, dass er um die hundert Jahre alt sein muss, und dass er eine ungewöhnliche Form hat, ziemlich verschieden von dem Baum, an dem sich dem Evangelium nach Judas erhängte, nachdem er Jesus für dreißig Silberlinge verraten hatte. Dieser hier ist gänzlich unbelaubt; anstatt in die Höhe zu wachsen, dehnt er sich prächtig in die Breite aus, so als wollte er mit seinen sanften Tentakeln die ganze Stadt umarmen.

Jedes Mal, wenn ich hier vorbeikomme, kann ich nicht anders, als an das Leben zu denken, das unter allen Bedingungen seine Form findet und nicht klein beigibt. Keine Schuld werden wir an die uns streifenden Zweige des Baumes hängen, bloß die Verwunderung für diesen Akrobaten, der auf dem unsichtbaren Seil der Zeit im Gleichgewicht bleibt und jeden Frühling aus Farben und Gerüchen ein wunderbares Feuerwerk entfacht.

Um die Phantasie meiner Schüler anzufachen, die oft müde und beschränkt ist, habe ich ihnen ein Thema gestellt, das sie zwingt, sich etwas Ungewohntes einfallen zu lassen. *Jenseits des Gartentors.* Diese Fährte entfesselt immer einen Sturm der Entrüstung: Aber was soll das heißen, aber welches Gartentor, was haben Sie sich reingezogen, *professò*?, aber ich insistiere, und nach zwei Stunden überreichen sie mir Aufsätze, die für mich eine Überraschung sind, im Grunde auch für sie, die nicht geahnt hatten, dass sie eine Welt jenseits des Gartentors haben.

Wenn ich meine Schüler in einen Bus verfrachten könnte, um mit ihnen ein phantastisches Tor anzusehen, zwischen *Tausendundeiner Nacht* und den Pforten der Wahrnehmungsfähigkeit, etwas, das Realität und Poesie teilt und wieder vereint, Welt und Ge-

genwelt, würde ich Folgendes tun: Dazu muss man auf dem großen Platz vor Santa Croce in Gerusalemme parken und sich dann nach rechts wenden: Das außergewöhnlichste Eingangstor Roms befindet sich hier, geschaffen hat es Jannis Kounellis*, und montiert wurde es im Jahr 2007.

Es gibt eigentlich keine Worte, das Tor zu beschreiben, aber ich versuche es: Die eisernen Schranken scheinen sich aufzulösen, um sich dann wieder in kreisförmigen Voluten zu verfestigen, in einer Serie aus Spiralen, Knäueln, metallenen Wirbeln. Und als Lot über diesen Wirbeln steigen Dutzende farbige Steine und Quarze, rot, gelb, grün, blau, gleich Meteoriten auf, die es von einem heiteren Planeten hierher geregnet und eingefügt hat. Es ist ein großartiges Eingangstor, wie immer hat Kounellis es verstanden, Schwere in Grazie zu verwandeln, Materie in Vision. Und jenseits dieser leuchtenden Trennwand liegt der *hortus conclusus* der Mönche: Gemüsegarten und Ziergarten, Arbeit und Gebet, Feigen, Weintrauben, Zitrusfrüchte, Gladiolen, Tulpen, Kamelien.

Einzutreten ist nicht möglich, früher war es das, heute nicht mehr: Heute kann man nur durch freie Stellen des Märchentores blinzeln, den Blick über die funkelnden Quarze schweifen lassen, sich dazu etwas ausdenken. Zwischen Leben und Traum vibriert dieses Tor, das hier Leben ist und dort wieder Traum.

Ich fuhr mit dem Moped die Via Salandra hinunter, mit dem typischen Blick des Römers, der auf die Straße achtet, auf die Kreuzungen, auf den SUV, der mit hundert Stundenkilometern von einer Einfahrt herausrauscht, und zwischendurch so aus dem Augenwinkel heraus Fragmente der Landschaft sammelt, flüchtige Schönheiten. So kam ich voran und behielt dabei die Wohnhäuser rechts und links im Auge, das peruanische Internetcafé, die Kaffeebars, die von den Ministerialbeamten der Zone frequentiert werden, die Auslagen der Reisebüros. Plötzlich packte mich die

Verwunderung, ich musste unbedingt ein unwahrscheinliches Spektakel aus der Nähe sehen: Auf einer Seite der Auslage eines Geschäfts erstreckten sich zehn Meter der Mura Serviane*, ein Fragment aus dem ältesten Rom, ausgestellt wie ein Pullover!

In Wirklichkeit handelt es sich nicht um einen Laden, sondern um das Ufficio Relazioni con il Pubblico del Corpo forestale dello Stato*: Man kann eintreten und aus der Nähe wirklich ein Stück der Geschichte des 4. Jahrhunderts v. Chr. betrachten.

Die Mura Serviane, unter Tarquinius Priscus* errichtet und dann von Servius Tullius* erweitert, wurden nach dem Sacco di Roma 390 v. Chr. wieder aufgebaut, nachdem die Gallier die Stadt verwüstet hatten. Die Mura Serviane bestehen aus großen Blöcken von gelbem Tuff, waren zehn Meter hoch und mindestens vier Meter dick, und wie alle Verteidigungsbauten haben sie die Römer in der Hoffnung gewiegt, unverletzbar zu sein.

Dieses Stück Mauer wurde 1907 entdeckt, als gerade das Viertel Sallustiano geschaffen wurde, und zu einem großen Teil ohne allzu viele Skrupel ausgeweidet. Ein paar Reste der Trümmer aber wollte man konservieren: Eines steht auf der anderen Straßenseite, unter einem Portikus, während dieses hier ein Gefangener des Büros bleibt, wie ein Riese, den man in eine Flasche gesperrt hat.

Eine Tafel in Latein erinnert: »Hier wurden jene Mauern gerettet, die die Urbs gerettet hatten«, und wir können uns von neuem bedanken, dazu muss man bloß eine freundliche Sekretärin um Erlaubnis fragen und sich fünf Minuten neben diese Mauerstücke setzen, während jenseits des Fensters Rom ungeordnet dahinfließt.

Rom ist voller wunderschönster Museen: Vor manchen bilden sich Warteschlangen von Leuten, die aus der ganzen Welt hergekommen sind, sie zu besuchen, andere dagegen bleiben unbegreiflicherweise leer, sind selbst den Römern unbekannt. Das Museo delle Mura bei der Porta San Sebastiano zum Beispiel ist ein Juwel, das alle kennen sollten: ein Ort voll der Geschichte, spannend auch für Kinder, die unglaublichen Spaß daran finden, auf den Befestigungsbauten herumzuspazieren wie antike Bogenschützen oder Helden aus Fort Alamo.

Die Aurelianischen Mauern wurden nicht unter Marc Aurel* erbaut, wie man manchmal denkt, sondern von Kaiser Aurelianus* zwischen 270 und 275 n. Chr. Die Stadt hatte sich vergrößert, und die alte Servianische Mauer genügte nicht mehr, sie zu umfassen und zu verteidigen, weil aus dem Norden Europas zuerst die Alemannen einfielen, dann Quaden und Markomannen, und die Bedrohung jeden Tag näher rückte.

Also wurde in kurzer Zeit ein Mauerwerk hochgezogen, etwas mehr als sechs Meter hoch und drei Meter breit, und mit Wachtürmen alle dreißig Meter. Aber bereits 400 n. Chr. erschien diese Verteidigungsanlage nicht mehr ausreichend und Kaiser Honorius* entschied, die Höhe der Mauern zu verdoppeln und das Bauwerk so sicherer zu machen. Im 9. Jahrhundert dann ließen sie die Päpste, eingeschüchtert durch Langobarden und Sarazenen, noch solider ausbauen. Es ist immer dasselbe: Je größer die Angst, desto stärker der Riegel. Je schwächer man sich fühlt, desto besser versperrt man die Pforte des Hauses.

Das Museum, reich an Modellen und Erklärungen, erzählt uns die Geschichte des Verteidigens bis zum Geht-nicht-mehr, von einer rührigen Ungeduld, von einem ewigen Alarm. Und dann öffnet sich plötzlich eine kleine Tür, und wir befinden uns im inneren Laufgraben, wie die Soldaten der Festung Bastiani in *Die Tartarenwüste* von Dino Buzzati*. Durch die hohen Schießscharten sehen wir die Autos, die weiter unten vorbeifahren, und können uns die Angst der römischen Soldaten vorstellen, bereit, Wurfmaschinen und Onager* zu betätigen, aber auch die Garibaldini der Repubblica Romana* von 1849, wie sie von hier aus die Landschaft beobachten, das Näherrücken der Feinde, und sich auf den Zusammenstoß vorbereiten.

Es ist der ewige Kampf zwischen Lanze und Schild, zwischen dem, der angreift und dem, der verteidigt. Es ist der ewige und brutale menschliche Wechselfall: Wir gegen sie. Einander verstehen? Nie.

April, der übelste der Monate, wie der Dichter* sagte. Die Stille des Winters, wenn die Sinne schläfriger sind und die Gedanken viel ruhiger kreisen, sie scheint zu Ende zu sein. Alles erwacht von neuem, das Leben nimmt seinen Rhythmus wieder auf, die Zeit vergeht rasch, und wir nehmen die Trunkenheit und die Gefahr des Frühlings wahr, die uns zitternd in unsere Bahn zurückwirft. Aber wenn wir gerade noch einen Augenblick der Stille genießen, wenn wir uns für ein Halbstündchen dem Getöse des April entziehen wollen, können wir den Weg zur Galleria Esedra einschlagen, hingestreckt wie ein langes und unbeschwertes Gähnen zwischen der Raserei auf der Via Orlando und dem der Via Torino.

Das ist ein Platz, der seit Jahrzehnten gleich geblieben ist, gleichgültig gegenüber allen Moden und jeder Veränderung, der, poetisch ausgedrückt, an einem vagen und beruhigenden Sinn von Eintönigkeit festhält. Wir könnten uns an eines der Tischchen bei Dagnino setzen, jener alten und verlockenden sizilianischen Pasticceria Bar, und Tee mit ein paar sizilianischen Süßigkeiten zu uns nehmen und in einem Klassiker lesen. Wir könnten uns dem Gewicht der Gegenwart entziehen und uns Gedanken ohne Ablaufdatum widmen, unseren ewigen Verstrickungen. Oder wir könnten die Vitrinen einer der ältesten Briefmarkenhandlungen unserer Stadt bestaunen, innehalten, um von fernen Ländern zu träumen, aus denen diese kleinen ausgezackten Quadrate stammen, winzig kleine und kostbare Bilder von Blumen, Tieren, vergessenen Staatshäuptern, vergessenen Helden.

In der Galleria Esedra ändert sich nichts: Die Wellen der Zeit scheinen außerhalb dieses geheimen Hafens anzuschlagen, und auch wir, wer weiß, fühlen uns unverletzbar, leicht und melancholisch, wie reine Seelen.

Niemand fühlt sich in einem zu vollen Lift wohl. Wir hoffen, dass die kleine Reise nicht lang dauert, dass vielleicht jemand im ersten oder im zweiten Stock aussteigt, tatsächlich aber steigen sogar noch welche zu. Wenn der Lift steckenbliebe, wäre das schlimm: Über die ersten Sekunden könnte man sich noch mit Herumalbern hinweghelfen, dann aber würde die Angst wachsen. Vielleicht wäre es ja besser gewesen, zu Fuß zu gehen, auf die falsche Bequemlichkeit zu verzichten ...

Wer weiß, ob nicht die Statuen auf dem Platz gegenüber der Galleria nazionale d'arte moderna Ähnliches denken. Auf diesem engen Raum zwischen den Bäumen haben gut und gern sechs Statuen Platz gefunden. Sechs Schriftsteller, einige berühmt, andere beinahe unbekannt.

Da ist einmal Henryk Sienkiewicz*, Nobelpreisträger von 1905, der Verfasser von *Quo vadis?* Er wirkt beinahe wie ein Kardinal von Manzù; neben ihm der ägyptische Dichter Ahmed Shawqi*, eine Rose in der Hand; ein bisschen weiter drüben Gogol*, der in seinen bronzenen Händen eine Maske hält, die sein wirkliches Gesicht zeigt. »Ich kann über Russland nur in Rom schreiben«, zitiert ihn der Satz auf dem Sockel.

An der anderen Wand dieses Platzes, der in seiner Enge beinah an einen Lift gemahnt, erhebt sich stolz und mit einem Speer bewaffnet Garcilaso de la Vega*, ein peruanischer Schriftsteller des 16. Jahrhunderts; zu seiner Rechten Petar Petrović-Njegoš*, der aussieht wie ein Straßenräuber, in Wirklichkeit aber ein Dichter war, Bischof und Prinz von Montenegro, und ganz am Rand ein anderer Poet, der Perser Firdousi*.

Alle runzeln sie die Stirn, wirken nachdenklich bis unzufrieden, vielleicht hatte sich ja jeder von ihnen einen Platz ganz für sich allein erhofft, und in Wirklichkeit teilen sie sich nun mit Mühe den Raum in dieser städtischen Dichtersammlung. Jetzt wäre es vergnüglich, andere Dichter auftauchen zu lassen, andere Statuen dazuzustellen, den Ort mit Marmor, Bronze und lyrischen Erinnerungen vollzuräumen, und vielleicht würde er sogar zum Versammlungsort für die jungen römischen Dichter werden: Sie könnten sich für hier oben verabreden und abends ihre Verse vorlesen.

Noch ist das hier ein Sammelort für Stricher, aber morgen, wer weiß, könnte es der neue Parnass werden, der Hügel der Dichter, und die Statuen würden lächeln.

Die Nachtlokale in Rom öffnen und schließen, wechseln den Namen, wechseln die Fassade, versuchen in jeder erdenklichen Weise ein launisches Publikum anzuziehen, das immer neue Nervenkitzel fordert und es nicht erträgt, am falschen Ort zu sein, in einer Bar oder einer Disko, die nicht mehr angesagt sind. Man muss die Geschmäcker vorausspüren, die Trends voraussehen, auf der Welle des Erfolges schwimmen. Hunderte arbeiten mit, um jedes Lokal zu einem Magnet zu machen, sodass es die herumirrenden Nachzügler der Nacht anspricht. Nur ein Platz ist seit seiner Eröffnung am 17. Februrar 1965 gleich geblieben: das Piper in der Via Tagliamento, vor dem Viertel Coppedè*.

Sicher, die stroboskopischen Lichter wurden oft ausgewechselt, auch die Inneneinrichtung und die übertrieben laute Musik vor den Kassen. Aber das Piper ist immer noch hier, wie Sankt Peter und das Kolosseum, ein Fixpunkt im rotleuchtenden Karussell der Jahrzehnte. Am Anfang waren hier die Rokes von Shel Shapiro* und die Equipe 84 von Maurizio Vandelli*, aber auch die Bilder von Schifano* und die von Andy Warhol, der Beat und die

Pop Art, die Jugend, die aus London herüberstürmte, um die Spielregeln zu ändern. Aus diesem nächtlichen Muschelrund ging Patty Pravo* hervor, die kleine Venus der leichten Musik und der Grenzüberschreitung; hier sind alle italienischen Gruppen der Epoche aufgetreten, aber auch Procol Harum, Pink Floyd, Genesis und sogar Jimi Hendrix, weil das Piper in aller Welt berühmt war.

Hier haben ganze Generationen getanzt, junge Kerle, die heute graue Haare haben und andere, die heute sechzehn sind, Rebellen und Sandwichverkäufer, Papasöhne und Typen aus der Vorstadt, in feierlicher Kontinuität, die nur selten durchbrochen wurde. Hier wurden tausend Lieben geboren und fürchterliche Raufereien ausgetragen, hier wollte das Leben nie älter werden, weil das Piper wie Dorian Gray ist, ewig grelle Jugend, eine Sanduhr, in der die Körner umherfliegen und nie auf den Boden sinken möchten.

Gerade weil man sie immer vor sich hat, werden gewisse Wunder zu gewohnten Elementen in der Landschaft, das geht so weit, dass sie unserer Aufmerksamkeit ganz entschwinden. Auch das Kolosseum kann sich für den, der alle Tage im Auto daran vorbeifährt, zum lästigen Teil eines Kreisverkehrs entwickeln. Im Übrigen hat Goethe behauptet, dass, sollte ein Regenbogen fünfzehn Minuten dauern, ihn niemand mehr verzaubert betrachten würde.

Aber es gibt auch Meisterwerke, die zu Gesicht zu bekommen fast unmöglich ist, wie das bei einem äußerst selten sichtbaren Kunstwerk Roms der Fall ist: Es kann nur am ersten eines jeden Monats (ausgenommen den Januar) besucht werden, und das nur von zehn bis zwölf Uhr, beziehungsweise von fünfzehn bis siebzehn Uhr. Ich habe fünfzig Jahre gebraucht, um den richtigen Augenblick zu finden, mich am einzig verfügbaren Tag freizumachen. Es handelt sich dabei um die *Aurora* von Guido Reni*, ein außergewöhnliches Fresko, das sich im Casino des Palazzo Pallavicini Rospigliosi in der Via XXIV. Maggio befindet.

Wer die sanft schwebenden Momente zwischen Nacht und Morgen liebt, wer sich in den frühen Stunden des Tages besonders frisch fühlt, wenn die Umrisse der Dinge aus dem Dunkel treten und nach und nach Farbe annehmen, wenn die Luft prickelnd und erwartungsvoll ist, der wird beim Anblick dieser mythologischen Szene nichts anderes als ergriffen sein, klar und harmonisch wie sie ist, wie viele Werke des Bologneser Malers.

Apoll lenkt den Sonnenwagen, der, von vier Pferden gezogen, strahlend aus dem Dunkel herauskommt. Um sich hat er die Tanzenden Stunden, die schönen Mägde der Zeit. Ein geflügelter Putto, eine Fackel in der Hand, fliegt ihm voraus: Das ist die Morgendämmerung oder der Augenblick, in dem das Licht die höchsten Schichten des Himmels erfüllt. Und noch weiter vorne sieht man sie, eine wunderschöne fliegende Gestalt: Das ist Aurora, in orange- und rosafarbene Schleier gehüllt, Blumen in den Händen und mit bloßen Füßen, wie die Galionsfigur am Bug des Tages, der gerade anbricht.

Wer spät aufsteht, weiß nicht, was er versäumt. Wer aber schon im Morgengrauen auf den Straßen Roms unterwegs ist, der soll sie am ersten des Monats bewundern gehen, in dessen sanftester Stunde.

Auch heute noch, wenngleich viel seltener, hört man sagen, dass ein bestimmter junger Mann »ein richtiger Christus« sei, sprich ein Kerl von einem Mann, ein Schwergewicht, ein Berg von Muskeln. Das physische Vermögen des Ringkämpfers wird mit der Gestalt Christi am Kreuz verglichen, dem einzigen Ort, wo sich die Beschaffenheit seines Leibes unter schrecklichen Umständen enthüllt. Nur den Römern mochte diese höhnische Vereinigung der Gegensätze in den Sinn kommen, nach der ein Mann, auf Holz genagelt, der leidet, der mit dem Tode ringt, als höchstes Beispiel athletischer Stärke dient. Vor dem Abbild des Gekreuzigten, tausende Male auf Bildern dargestellt, will der Römer die grausame Qual nicht sehen, den Blick des Sterbenden, zum Himmel gerichtet, sondern die Brust- und die Bauchmuskeln, die starken Oberschenkel, eine höhere Macht, die sich nie mit der Mittelmäßigkeit der Welt vermischt. Leben und Tod vermählen sich in einem einzigen Blick nur für den, der alles versteht und sichtbare Unterschiede mit einem höhnischen und wissenden Lächeln abtut.

Ein besonders schönes Christus-Bild, das ihn erniedrigt und triumphierend, schmerzerfüllt und doch dem Schmerz entrückt zeigt, sehen wir, wenn wir an San Lorenzo in Lucina vorüberkommen, dem bevorzugten Platz der römischen Aristokratie: Die gleichnamige Kirche hat keine Stufen, das Auge fliegt also geradezu durch die Pforte hindurch, durchmisst das Mittelschiff und trifft dort, am anderen Ende, auf den Gekreuzigten von Guido Reni, platziert zwischen den schwarzen Säulen des Altars, der von Carlo Rainaldi* entworfen wurde.

Es ist eine Arbeit von 1640, eines der späten Hauptwerke des Bologneser Malers, eine perfekte Synthese zwischen den Kühnheiten des 17. Jahrhunderts und einer klassizistischen Mäßigung. Christus umgibt die schmerzvolle Aura dessen, der im Sterben die Sünden der Welt hinwegnimmt, der aber auch den gemeißelten Leib eines Olympioniken hat, kräftig und doch auch leicht, mit ausgebreiteten Armen auf dem Kreuz, beinah zum Flug bereit. Er ist schwer und ist es doch nicht, er leidet und er leidet auch nicht: All die Qualen, die er durchgestanden hat, töten ihn, und doch scheint es, als hätten sie seinen wunderbaren Körper nicht im Mindesten verletzt. Dahinter erwächst eine trostlose Landschaft, ein düsterer Himmel: Auf diesem Kreuz, wie ein alter Römer sagte, ist Christus wirklich Christus.

Alle haben das schon erlebt, dass sie den Grundriss der neuen Wohnung hin und her drehen, oder den Grundriss der alten, um sich besser zurecht zu finden: Der immer ein wenig zu kreative Architekt versucht, uns die Verfügbarkeit der Räume zu erklären, der Küche, die zum Bad wird, des Wohnzimmers, das zum Schlafzimmer wird, die Trennungsmauer, die niedergerissen werden wird, um den Zimmern mehr Licht zu geben, und hier werden drei Stufen sein und dort die Besenkammer, und hier legen wir die Kochnische an und für dort lassen wir uns ein kleines Studio einfallen. Wir betrachten dieses Millimeterpapier und verstehen nicht einmal, wo die Eingangstür sein wird und wo wir schlafen werden, aber wir wollen unsere Verwirrung in Anbetracht der kleinen Quadrate auf dem Plan nicht zeigen.

So etwas Ähnliches geschieht auch auf einem einzigartigen Bild, das im ersten Seitenschiff in San Lorenzo in Lucina hängt. Es stammt von Sigismondo Rosa, einem zweitrangigen Maler des 18. Jahrhunderts, eindeutig ein bescheidenes Werk, was die künstlerische Qualität anbelangt, dafür zeigt es aber eine wirklich überraschende Erfindung.

Lucina, die römische Matrone, die in ihrem Haus den christlichen Kult aufnahm, zeigt dem armen San Lorenzo, der gerade erst vom Rost herabgestiegen ist, den Plan einer neuen Kirche. Zwei kleine Engel entrollen ihn, und die fromme Lucina zeigt und erklärt, wo sich der Altar befinden wird und wie die lateralen Kapellen angeordnet sein werden, die Lösung für ein Schiff, die Apsis und die Vorhalle. Alles ist schön gezeichnet, und San Lorenzo scheint, die Augen halb geschlossen und mit einem etwas benommenen Gesichtsausdruck, sich vorzustellen, was wir in ähnlichen Situationen denken: Man versteht nichts und kann nur hoffen, dass es nicht zu viel kosten wird.

Ein Bild also, das dem Heiligen sein neues Haus in einem Spiel aus Hinweisen präsentiert. Er hält in einer Hand das Palmblatt –

Symbol des Martyriums – oder, ebenso wie wir das tun würden, vielleicht auch den bescheidenen Vorschlag an den Architekten, wie man den Treppenabsatz verschönern könnte: Das allerdings wurde immer indigniert zurückgewiesen.

Die Fresken von Piero della Francesca* in der Kirche des heiligen Franziskus in Arezzo sind einer der Höhepunkte der Renaissance: Geometrie und Empfindsamkeit, Raum und Licht finden zu einem perfekten Gleichgewicht in einer schwerelosen Dynamik, die etwas Wundersames ausstrahlt. Das Thema des Bilderzyklus ist der *Leggenda della vera croce** entnommen, wie sie der Dominikanermönch Jacobus da Voragine im 13. Jahrhundert erzählt: Es ist eine ziemlich komplizierte Geschichte, die ihren Anfang bei einem Baum des Paradieses nimmt, der über der sterblichen Hülle Adams wächst, und weiter zu König Salomon führt, zur Königin von Saba, Kaiser Konstantin und seiner Mutter Helena, zu Persern und Byzantinern im Krieg, in einer Serie geheimnisvollster Episoden, in denen sich auch das Heilige Holz verliert und wiederfindet, aus dem das Kreuz von Jesus Christus gefertigt wurde. Es ist eine Legende, die Jahrtausende durchzieht, eine Art himmlische Jagd nach einem Schatz voller Rätsel und Überraschungen, von offenbarenden Träumen und Duellen bis auf den letzten Tropfen Blut.

Nun, auch in Rom gibt es einen prächtigen Freskenzyklus, der von diesen Wechselfällen inspiriert wurde, ein beinahe unbekanntes Meisterwerk, das sich im Oratorio del Crocifisso befindet, nicht weit von der Fontana di Trevi. Tausende drängen sich täglich vor diesem Brunnen, werfen hoffnungsfroh Münzen hinein und machen Bilder, was einem blitzenden Hagelgewitter gleicht, aber kaum jemand biegt um die Ecke, um bis zu der kleinen Kirche vorzudringen, dem ersten Werk von Giacomo della Porta*. Kaum jemand tritt ein, um im feuchten Halbschatten ein Meisterwerk römischer Manieristen zu bewundern. Der Zyklus wurde von einigen Malern der zweiten Hälfte des 16. Jahrhunderts realisiert, von De Vecchi*, Pomarancio*, Cesare Nebbia*, weniger berühmten Künstlern als die Genies, die ihnen vorangingen und die auf sie folgten, aber an diesen Wänden haben sie die perfekte Form gefunden für eine märchenhafte Reise, mystische Phantasie.

Die Kunst feiert sich selbst, wie das im Manierismus immer geschieht, sie ersinnt Farben und waghalsige perspektivische Verkürzungen, sie erfindet die Welt neu, indem sie einem Kreuz folgt, das sich in der unendlichen Zeit der Einbildungskraft versteckt.

Nicht die Kreuzigung ist der schmerzhafteste Augenblick der Geschichte Jesu: Die Künstler haben es bei der Darstellung Christus' am Kreuz immer verstanden, dass in dieser Qual die göttliche Herrlichkeit steckt, dass diese grausame Richtstätte gleichsam auch Thron für einen Triumph ist. Jesus leidet, um die Menschen der Sünde zu entreißen, er stirbt aus Liebe; und in seinem tränenüberströmten Gesicht haben die Maler die Kraft eines übernatürlichen Geschicks erkannt, das sich erfüllt. Der Schmerz schließlich ist die Voraussetzung für die Auferstehung, das Ende ist der Akt, der dem Anfang vorangeht: Es ist ein heroisches Ende, sublim und poetisch.

Viel tragischer ist die Kreuzabnahme. Im Körper von Jesus gibt es keinen Schmerz mehr, weil kein Leben mehr darin ist, es handelt sich nur um einen vom Kreuz gefallenen Leichnam, der nach allen Seiten rutscht und weggleitet: Da ist kein Geist, da ist kein Kampf, die Apotheose ist vorüber. Es fehlt nur noch das übliche Begräbnis.

Um eine herrliche Kreuzabnahme in ihrer ganzen Traurigkeit zu bewundern, braucht man bloß die Kirche Santa Maria dell'Anima zu betreten und die letzte Kapelle des linken Seitenschiffes aufzusuchen. Es ist ein Schmerz für das Auge und das Herz, dieses Meisterwerk von Francesco Salviati*, einem Florentiner Manieristen, der 1563 in Rom, wo er meist gearbeitet hatte, verstarb.

Christus wird von allen Seiten gestützt, aber sein immenser Michelangelischer Körper fällt, einmal vom lebendigen Atem verlassen, in sich zusammen. Der schutzlose Hals ist in unnatürlicher Haltung verdreht, wie bei einem geschlachteten Truthahn. Ein Arm ragt in die Höhe, die Hand scheint sich zu bewegen, sie wird aber von einem Knaben gehalten, und der Körper wirkt wie der einer Marionette, die in die Schachtel zurückkehren wird. Diesen ermordeten Toten erwartet bald die Wiederauferstehung, jetzt aber ist er nur ein »povero cristo«.

Im zunehmenden Pessimismus unserer Zeit bietet der Römer die heiterste Gemütseinstellung, die aber deshalb nicht weniger besorgniserregend ist: Er glaubt einfach nicht, dass die Dinge besser werden können, er hat es nie geglaubt. Er ist zu nahe an den Palästen der Macht aufgewachsen, an den Ruinen, am Kommen und Gehen der Moden, um sich zu dem Glauben durchzuringen, dass sich wirklich etwas ändert. Manchmal tut er so, als würde er ein bisschen daran glauben, das tut er aber nur, um dann schlussendlich zu wiederholen: »Che t'avevo detto? Nun bisogna sognà, è sempre 'a solita storia.«*

Heute aber ist Ostern, Christus steigt aus dem Grab, der Frühling setzt Knospen auf die Äste, das Leben verheißt süße Tage, und so möchte ich von einem Ort erzählen, der bereits dem Tode geweiht schien und nun schöner zurückgekehrt ist als je zuvor. Die Fonte dell'Acqua Acetosa nämlich, um die ein breiter Weg verläuft; ein Ort, geliebt von Goethe und Ludwig I. von Bayern, der hierher kam, um unter diesen Ulmen, begleitet vom Rauschen des Wassers, über die Liebe zu seiner römischen Dame zu sprechen. Für viele Jahre Bernini zugeschrieben, wurde die Quelle von zahlreichen Päpsten genutzt, zuerst bloß als Trinkquelle mitten in der Landschaft, später als echtes Denkmal.

Und dennoch verkam dieses barocke Meisterwerk zu einer echten Müllhalde: Die Treppe, die bis zum Halbrund und den drei Wannen reicht, war bedeckt mit Papierfetzen und Präservativen; hier erwarteten die Transsexuellen ihre Kunden, alles war trostlos heruntergekommen. Aber dank der Gelder des Circolo Aniene* und einiger Unterstützung durch die Banken erwachte der Brunnen zu neuem Leben. Ein Gitter hält ihm nächtliche Übergriffe fern, die Bäume werden gepflegt, der Travertin glänzt wieder, das Wasser strömt klar und transparent.

Kurz, so manches lebt wieder auf, auch wenn es immer jemanden gibt, der sich beklagt: »C'era un bel chioschetto qui, panini buoni. Mo' dimme tu perché me l'hanno tolto.«*

Ein grüner See mitten in der Stadt, ein grünes Auge, dem Himmel zugewandt, eine grüne Stille wie auf einer Wiese: dazu genügt es, in der Viale Tiziano Halt zu machen und das Stadio Flaminio* zu betreten, das inzwischen seine Aktivitäten leider eingestellt hat.

Errichtet wurde es nach einem Plan von Antonio* und Pier Luigi Nervi* zwischen 1957 und 1959 an Stelle des alten Stadio Nazionale* (das man nach dem Flugzeugabsturz von Superga 1949 in Stadio Torino umbenannte). Hier wurden die Fußballspiele der Olympischen Spiele von 1960 ausgetragen. Später wurde das Feld von Lazio verwendet, als der Club in der Serie B spielte, dann von Lodigiani* und von Cisco*, um dann das Rugby-Stadion für das Turnier der Six Nations zu werden. Schlussendlich haben sich auch die Gazellen und die Bisons des Rugbys verflüchtigt – in Richtung Olimpico*, und heute dient das Stadio Flaminio niemandem mehr: Es ist eine Leere, die den Schimmer einer alten Wirkungskraft in sich aufzubewahren scheint, wie eine Schmuckschatulle ohne Juwelen, die noch immer ein Leuchten, eine unsichtbare Erinnerung enthält.

Die Seele kommt auf diesen verlassenen Stufenreihen zur Ruhe.

Hinter der grünen und stummen Fläche scheint es mir, als würde ich noch die Rufe der Kinder der Giochi della Gioventù* hören, die hier ihr letztes Zusammentreffen abhielten. Sprünge und Jubelschreie verschwitzter Gespenster, verschwommene Luftsprünge, die Welle einer verlorenen Begeisterung. Alles ist weit fort, was bleibt, ist eine Öffnung ins Nichts, eine Klammer ohne Nummern und Worte, eine kurze Pause im Chaos.

Das Stadion hat keine Zuschauer mehr oder nur einen, den Mann, der kurz innehalten möchte, um wieder zu Atem zu kommen. Zu sehen sind nicht einmal mehr die Begrenzungslinien des Spielfeldes, die den Torraum und die Außenlinien markieren. Es wirkt wie eine ausgediente Grassteppe, die Wiederübernahme einer unendlichen Weite. Es ist ein einzigartiger Platz, an dem man die Welt ein wenig vergessen kann, die Menschenmenge, die Erwartungen, alles verschwindet, und nur eine stille Spur bleibt zurück. Der Blick gleitet ins Grüne, spaziert ein Stück, dann erholt er sich; die Jugend und das Ende verblühen, während sich im blauen Himmel über dem Flaminio eine weiße Wolke abzeichnet.

Via del Cavalletto, Via Clementina, Via Paolina ... Die Straße, die von der Piazza del Popolo zur Piazza di Spagna führt, trug viele Namen, bevor der endgültige gefunden wurde: Via del Babuino. Das Volk von Rom dachte über einen Namen nach, und ein vergnügter Blick auf die Statue des Silens, der sich an die Mauer von Sant'Anastasio dei Greci lehnt, war ausschlaggebend dafür, dass der Name des absoluten Repräsentanten dieser Straße kein anderer sein konnte als der dieser plumpen Skulptur. Eigentlich war sie ja hier abgesetzt worden, um die Wanne, in die das Acqua Vergine* floss, zu schützen und zu veredeln. Es sollte auch noch zwei Delphine geben, aber von alldem ist nur er geblieben, der Babuino mit dem bleichen Antlitz, den Körper in ein Ziegenfell gehüllt, ermattet hingesunken, um das vorüberziehende Treiben zu beobachten. Leben hat er seit 1571 sehr viele gesehen, und hat sie nicht immer mit Applaus bedacht.

Mit diesem Ausdruck, etwas finster und unzufrieden, wurde der Babuino zu einer der sechs sprechenden Statuen Roms: Zusammen mit Pasquino, Facchino, Marforio, Madama Lucrezia und dem Abbate Luigi ist er zum Sprachrohr der römischen Unzufriedenheit geworden, hat Päpste und Prinzen gescholten, mit einem Achselzucken hat er sie mit sarkastischen und schneidend scharfen Sätzen belegt.

Nachts hat er all den spöttischen Römern zugehört, die sich dazu inspiriert fühlten, ein polemisches Schmähgedicht auf die Oberen anzubringen, er hat die Starken verspottet und die Schwachen erheitert. Er ist ein steinerner Clown, ein hingeflegelter Seiltänzer, ein Spaßmacher, der es sich erlauben kann, alles zum Besten zu geben, auch die Reden eines Narren. Denn in allem Verrückten steckt, wie man weiß, immer ein Quäntchen seltsamer Weisheit. Und weil die Babuinate spitze Schreie sind, die oft im Nichts enden, in Worte gehüllte Steinwürfe, die eine Nacht und einen Tag dauern, bis jemand sie tilgt.

Man sucht einen Platz auf, um die vorüberziehende Luft zu sammeln, den flüchtigen Augenblick, »perché la vita è 'n mozzico«*, und man findet sich in einer viel längeren Geschichte wieder, wo Vergangenes und Gegenwärtiges noch immer zusammenhalten: Das dachte ich im Viertel Il Quadraro, als ich gleichsam losrannte, um das Murale von Ron English* zu sehen, eines der größten Künstler der Street-Art, der aus den Vereinigten Staaten gekommen war, um mit den römischen Kollegen zusammenzuarbeiten.

Das Projekt, unermüdlich von David »Diavú« Vecchiato* betrieben, dem denkwürdigen Mitarbeiter von XL, dem schönen La-Repubblica-Magazin zu zeitgenössischer Kunst, will erreichen, dass dieses Viertel seine politische und kreative Energie zurückbekommt, seinen bedeutenden Platz in der Geschichte Roms. Es war eine der Zonen, in die sich viele Partisanen in der dunklen Periode der Besetzung durch die Nazis geflüchtet hatten: Von hier aus setzten sie ihre Sabotageaktionen, hier hatten sie die Basis und die Waffen. Und dafür – als grausame und exemplarische Bestrafung – wurden am 17. April 1944 mehr als tausend Menschen aus dem Viertel deportiert, von denen die allerwenigsten zurückgekehrt sind.

Und nun hat Ron English an eine Mauer der Via Pisoni ein riesiges Hulk-Baby gemalt, grün, aggressiv, knurrig, immer bereit, gegen jede Form von Schikane anzugehen, als wäre er der genius loci dieses kriegserfahrenen Viertels. Wir, die wir leider daran gewöhnt sind, die Graffitisprayer als kopflose Beschmutzer anzusehen, Leute, bloß dazu geeignet, kleine Lackspritzer an die Mauern zu klatschen, bleiben offenen Mundes vor diesem eindrucksvollen Werk stehen. In dieser Gegend gibt es viele weitere Murales zu sehen, die einen Besuch verdienen, weil das Viertel sich nach und nach in ein Freilichtmuseum verwandelt hat. Es sind unglaublich farbige Bilder, fröhlich und spontan, aber sie sind sich alle in irgendeiner Weise des Ortes und der Zeit bewusst und stellen sich hinter jene, die auf der Straße leben, hinter ein Viertel, das sein Recht auf Schönheit und Erinnerung beansprucht.

Wer weiß, wie viele unter den Jugendlichen, die ihre Abende in der Gegend um San Lorenzo verbringen, sich an den 25. April erinnern: Ich fürchte, wenige. Das beständige Verrinnen der Zeit verschluckt alles, Marmor und Erinnerungen, das wissen wir nur zu gut, aber in den letzten Jahren gab es eine auffallende Beschleunigung, das Rinnsal ist zu einem reißenden Fluss geworden, der das Gedenken an Vergangenes fernhält, die Gegenwart scheint kein Bedürfnis mehr zu haben, sich auf das Zurückliegende zu stützen; es genügt ihr, dass sie besteht und vergeht.

Deshalb betrachte ich immer die weithin sichtbare groß geschriebene Aufforderung, die sich genau am Eingang von San Lorenzo, an der Ecke zur Tangenziale, befindet: »W i partigiani«, mit Pinsel hingemalt. Irgendjemand frischt diese Buchstaben jedes Jahr wieder auf, er fährt mit Lack darüber, sodass sie immer gut lesbar bleiben. Irgendjemand akzeptiert es nicht, dass die Geschichte unseres Landes kläglich verblasst, dass San Lorenzo seine Toten und seinen Mut vergisst, dass sich alles nur noch auf Prahlerei und Gleichgültigkeit reduziert.

In diesem Winkel Roms setzt sich die Geschichte gegen das Vergessenwerden durch: Die große Geschichte, die in den Büchern steht, aber auch die kleinen Geschichten der einfachen Leute, die weder vergessen werden noch selbst vergessen wollen, sie klammern sich mit Blumen und Worten an das Geländer der Zeit. Neben dem Schriftzug, der den Partisanen gewidmet ist, gibt es eine Art Altar an der Straße, Chrysanthemen und drei Fotografien von einem schönen jungen Mann, der hier vor Jahren zu Tode gekommen ist. In einer Schachtel liegt ein Buch, in dem jeder eine Erinnerung niederschreiben kann, einen Gedanken. Es sind herzzerreißende Zeilen auf diesen Seiten, einige geschrieben von der Mutter, andere von den Freunden, aber auch von Leuten, die täglich hier vorbeikamen und stehen blieben, um ein Gebet zu verrichten.

Wie das so ist, verbleicht heute alles geschwind, man vergisst die Helden und die geliebten Menschen; aber hier, zwischen Friedhof und Pub, haben die Toten noch eine Stimme, und irgendjemand, der Mitleid kennt, bleibt stehen und hört zu.

Wenn wir auf dem Gianicolo herumspazieren, die ganze Stadt vor Augen, ertappen wir uns dabei, dass wir die Büsten der Helden der

Repubblica Romana von 1849 betrachten: In der Mehrzahl sind das die ernsten Gesichter von Knaben, die Männer zu sein scheinen, die Gesichter jener vielen, die sich während der langen Belagerung geopfert haben, als Rom sich in eine Art Fort Alamo verwandelte, und die den französischen Truppen, die Papst Pius IX. gerufen hatte, hoffnungslosen Widerstand leisteten.

Sie waren alle hier, die freien Anhänger des Risorgimento*, Garibaldi* und Mazzini*, Pisacane* und Mameli*, Saffi* und Armellini*. Viele starben in diesen Tagen, und vielleicht würden sie eine Art populärer Fernsehserie verdienen, drei oder vier Folgen, die die Erinnerung aller Italiener auffrischen könnten: Seltsam, dass bisher niemand daran gedacht hat; ich glaube, dass die Vorlage eine bewegende Fernsehgeschichte abgäbe.

Zwischen den vielen Büsten der Männer findet sich auch die einer Frau, Colomba Antonietti*, die zwanzigjährig an der Seite ihres Mannes, Luigi Porzi*, und der anderen Garibaldini kämpfte, zuerst siegreich in Velletri, um dann in der letzten Schlacht ihr Leben zu verlieren. Ihre Büste befindet sich in einer kleinen Straße, die zum Fontanone* führt, sie ist jung und schön wie alle diese Helden. Meiner Tochter habe ich denn auch Colomba als zweiten Vornamen gegeben, um an eine Frau zu erinnern, die Rom und die Freiheit sehr geliebt hat.

Der Garibaldone zu Pferd, der den Platz auf dem Gianicolo beherrscht, ist ein strenges und eindrucksvolles Werk, das aber vielleicht nicht gänzlich die unbändige Vitalität des Helden der beiden Welten wiedergibt, sein revolutionäres Nomadentum, seine Seele, die sich rebellisch gegenüber Ungerechtigkeiten verhielt. Das hier ist eine majestätische, aber zu offiziöse Statue, wogegen unser großer Giuseppe doch unruhig, sprunghaft, von quecksilbriger Natur war.

Viel schöner ist meiner Ansicht nach das Reiterstandbild, das

Anita gewidmet ist und sich ein wenig weiter drüben befindet, hinter dem Marionettentheater. Die Frau Garibaldis war Brasilianerin und hieß Ana Maria De Jesus Ribeiro*: Sie war jung und schön und verheiratet, als sie aber unseren Helden erblickt, entscheidet sie sich, sich dauerhaft an ihn zu binden. Sie kämpften gemeinsam gegen die kaiserlichen Truppen in Brasilien, erzielten Siege und erlitten Niederlagen, und eines Tages fand sie sich allein mit dem kleinen Menotti* in einer abgelegenen Farm wieder, von Feinden umgeben.

Die Statue erinnert an diesen Augenblick: Sie, wie eine Amazone auf dem Pferd sitzend, das Kind fest im Arm und die Pistole in der Faust, durchbricht die Schar der Feinde und rettet sich in einen Wald, in dem sie vier Tage bleiben wird, sich bloß von Kräutern und Wacholderbeeren ernährt, bevor sie ihren Mann wiederfindet. Es scheint, als würde man die Schüsse, die Schreie, das Wiehern des Pferdes hören, das sich auf die Hinterhufe gestellt hat, das Weinen von Menotti, man spürt förmlich die ganze Kraft dieser Frau, ihr Verlangen nach Freiheit. Die Bronzefigur wirkt rasant, nervös, beseelt von Kühnheit und Verzweiflung. Sie ist ein Werk aus dem Jahr 1932, geschaffen von Mario Rutelli*, und seltsamerweise ist sie kaum bekannt.

Anita starb am 4. August 1849 in Mandriole nahe Ravenna: Gemeinsam mit Garibaldi und einigen Getreuen floh sie vor den Franzosen und den Österreichern, nach dem großen und doch so tragischen Abenteuer der Repubblica Romana. Sie war keine achtundzwanzig Jahre alt und im neunten Monat schwanger. Ihre Asche wurde nach Nizza gebracht, um dann nach Rom zurückzukehren, und heute liegt sie hier direkt unter den Hufen des Pferdes begraben, im Gewande der Calamity Jane*, als schöne und glücklose Heldin, unter dieser Statue, die aus Wind und Mut gemacht scheint.

»Ecco, ci siamo / ci sentite da lí? / In questo sfondo infinito / siamo le ombre impressioniste / eppure noi qui / guidiamo macchine italiane / e vino e sigarette abbiamo / e amori tanti … / *Abbiamo l'aria di italiani d'Argentina* / ormai certa come il tempo che farà / con che scarpe attraverseremo / queste domeniche mattina / e che voglie tante / che stipendi strani / che non tengono mai …«

So singt Ivano Fossati* in einem seiner bewegendsten Lieder, »Italiani d'Argentina«. Das ist eine Art von Kommunikation, die über das Radio läuft, über die Sehnsucht, über einen Ozean: Es ist eine Erinnerung, die nach und nach traurig verbleicht.

Und doch sollten wir Römer diesen vor vielen Jahrzehnten emigrierten Italienern dankbar sein, weil sie auch die Einigkeit Italiens 1911 feiern wollten, als sie der Stadt den Leuchtturm zum Geschenk machten, der auf dem Weg zum Gianicolo in den Himmel ragt.

Rom hat kein Meer, aber einen Leuchtturm, der an bestimmten Festtagen einen dreifarbigen Lichtstrahl ausschickt: weiß, rot und grün wie die Nationalflagge. Die Italiener Argentiniens haben mit diesem Auftrag den Architekten Manfredo Manfredi* betraut, der bereits das Grabmal für Vittorio Emanuele II. geschaffen hatte und später auch bei der heiklen Realisierung des *Altare della Patria* Hand anlegen sollte.

Es ist eine zwanzig Meter hohe Säule von zehn Metern Durchmesser, die Laterne steht auf einem Altar in klassizistischer Manier. In den ersten Jahrzehnten des 20. Jahrhunderts war er bei den Bewohnern der Stadt so bekannt, dass sie jemanden, der feierlich gekleidet unterwegs war, mit dem Ausruf »Aò, me pari er faro der Gianicolo!«* foppten.

Heute parken an seinem Fuße Pärchen auf der Suche nach einem Ort für mehr Vertraulichkeit, und vielleicht lässt der Leuchtturm von Fernreisen träumen, von glücklichen Ländern, einem Haus auf der anderen Seite der Welt. Und vielleicht, in bestimmten zauberischen Nächten, wenn der Leuchtturm leuchtet, sieht uns irgendein Italiener durch die Kraft der Einbildung in Buenos Aires und schickt einen Gruß.

Die Stadt hat dicht gemacht, quillt über vor Leuten, Häusern, Autos, alles läuft nebeneinander und alles ist miteinander verflochten, Verabredungen und Ängste und Verpflichtungen und Verspätungen, wie in einem Spiegelkabinett, aus dem kein Entkommen möglich scheint. Manchmal würden wir uns gerne in der wundersamen Situation von Benigni und Troisi befinden, in dem Film *Die Lucky Boys**, und zufällig, aus Irrtum, aus Notwendigkeit in eine Straße einbiegen und uns in einem einzigen Augenblick auf der anderen Seite des Spiegels wiederfinden, in einem Winkel, der von der Zeit vergessen wurde.

Und, was soll ich sagen, eines Tages ist mir wirklich so ein Wunder geschehen. Ich stand in der Viale Kant, einer Landstraße, die schon vorbereitet war für den Gran Premio di Formula Uno, und war, während mein Blick einer Fliege folgte, in einer Seitenstraße gelandet, dann in der Via Vicovaro, und schon fand ich mich auf einem Weg in der Campagna wieder, so als hätte sich ein Schlupfloch in der gepflasterten Gegenwart gebildet.

Ich war in die Riserva Naturale dell'Aniene gefallen, eine Amnesie der Großstadt. Von der Casa del parco aus, wo die Associazione di Educazione Ambientale ihren Sitz hat, die sich der umweltbewussten Erziehung widmet und immer auf der Lauer liegt, dieses Fleckchen Paradies vor dem Rachen der Spekulanten zu schützen, startet man zu Spaziergängen ins Tal des Aniene, des zweiten Flusses Roms, zwischen Weiden und Pappeln, Schilf und Erlen, inmitten des Grüns, das ganz leise rauscht. Wenn man Glück hat, kann man während der Wanderung auf einen Graureiher stoßen, auf ein Stachelschwein, ein Blässhuhn oder einen Bergmolch, einen Eisvogel oder eine Sumpfschildkröte, erstaunte und dankbare Bewohner dieser Schönheit.

Von weitem ragen die Wohnburgen der Tiburtina in den Himmel, von Casal de'Pazzi, von der Via Kant, aber sie scheinen wie Bilder aus einem anderen trostlosen und mühsamen Leben. Und während wir außerhalb der Zeit fortschreiten, erwarten wir eigentlich, dass uns jemand in seltsamen Kleidern an einer Schranke anhält und sagt: »Einen Gulden!«

Unter den sieben Weltwundern waren neben dem Koloss von Rhodos und der Cheopspyramide auch die Hängenden Gärten von Babylon, wo die Königin Semiramis jeden Tag frische Rosen pflückte. Als Kind hatte ich Mühe, sie mir vorzustellen, diese zwischen Erde und Himmel schwebenden Parkanlagen, der Sonne zugewandt. Aber dann habe ich entdeckt, dass es etwas ganz Ähnliches auch in Rom gibt, und zwar nicht minder verblüffend: eine grüne Insel, die sich in die Höhe erstreckt, die dem Lavafluss des Verkehrs und des städtischen Lebens standhält.

Am Ende der Via Nazionale, hinter dem Palazzo Koch, liegt die Via Mazzarino, und von ihr aus kommt man immer bergauf zur Villa Aldobrandini, die einst fürstliche Residenz war, heute aber nur noch ein Garten ist, der sich der Welt zuwendet. Von ihrem himmelblauen Belvedere aus bewundert man die Torre delle Milizie, das Trajansforum mit seinen Märkten, die Kirchen Sant'Agata dei Goti und Santa Caterina a Magnanapoli, die weißen Wolken Roms.

Für die Experten der Botanik ist diese Villa ein Fest: Da gibt es Zitronen- und Orangenbäume, Zypressen und Palmen von den Kanarischen Inseln, Kamelien und eine außerordentlich seltene Pflanze, den Ginkgo biloba, der aus China kommt. Dennoch wurde dieser grüne Edelstein sträflicherweise der Vernachlässigung und dem Verfall überlassen: Es tut im Herzen weh, alle antiken Statuen geköpft zu sehen, die ausgetrockneten Brunnenbecken als Mülleimer benutzt, der Marmor mit Schmierereien beschmutzt, die Pflanzen verhungert. Wir sind hier zwei Schritt vom Quirinal und von der Piazza Venezia entfernt, zwischen der Banca d'Italia und den Foren, und dennoch sieht die Villa Aldobrandini wie der letzte kleine Garten an der Peripherie aus, und zwar der, der am meisten misshandelt wurde.

Unser hängender Garten versinkt traurigerweise im Schmutz: Auf der Balustrade des Belvedere steht die Kopie einer römischen Büste, ein Mann, vielleicht ein Kaiser, der sich nach dem Vorbild des Selbstmordes der Stoiker ein Messer in den Leib rammt, und es kommt einem ganz natürlich vor, dass sie die perfekte Verkörperung dieser Ruine ist. Die besiegte Schönheit tötet sich, um nicht länger zu leiden.

Das Grün innerhalb und außerhalb Roms ist immer nahe daran, von der Immobilienspekulation aufgefressen zu werden: Große Wohnanlagen und kleinere verringern nach und nach die unverbauten Räume, die uns Licht und Luft geben. Menschenunwürdige Stadtviertel wollen sich ausbreiten wie eine besonders traurige Krankheit. Das gierige Volk der Baulöwen verwüstet, weil sie eine falsche Idee von Fortschritt predigen und den jungen Paaren ein Dach über dem Kopf und eine Garage versprechen, gleich das ganze Territorium. Das ist ein Phänomen, das in der Zeit nach dem Zweiten Weltkrieg mit dem Entstehen unheilbarer Monstrositäten seinen Anfang nahm, in denen zu leben ein Unglück ist. Das ging in den Sechziger- und den Siebzigerjahren so weiter, und auch heute noch möchte das Betonland sich das römische Ackerland einverleiben.

Und doch gibt es einige private Gebäude, die als virtuos gestaltete Beispiele Erfolg haben könnten: Die offizielle Architektur lag viele Jahrzehnte lang brach, und manche schönen Einfälle finden wir tatsächlich in gewissen schrulligen kleinen Gebäuden: Genieblitze mitten in einem geteerten Himmel.

Il girasole auf Nummer 64 der Viale Bruno Buozzi ist eines dieser wenigen Meisterwerke, Frucht der ungemein originellen Intelligenz von Luigi Moretti*. Er wurde 1906 als unehelicher Sohn des Architekten Luigi Rolland* geboren, dem Schöpfer des Teatro Adriano. Recht bald wurde er zu einem der Lieblinge des faschistischen Regimes, was so weit ging, dass er die Accademia della scherma im Foro Italico entwarf und konstruierte, die heute noch als wahres Architekturjuwel des Rationalismus der Zwanzigerjahre gilt.

In der Nachkriegszeit fiel Moretti in Ungnade und war dadurch gezwungen, vor allem private Aufträge anzunehmen. *Il girasole* stammt aus dem Jahr 1950, und jedes Mal, wenn ich dort vorbeikomme, bleibe ich stehen, um es zu bewundern. Ein vertikaler Riss durchfährt dieses strahlend helle Gebäude, das auf der Suche nach der Sonne mit seinen großen Glasfenstern zu kreisen scheint. Es ist eine Skulptur aus Travertin und Licht, eine seltene Blume, vermessen von dem in die Trostlosigkeit gesetzt, der Rom für Geld verunstaltet.

In den römischen Kirchen verstecken sich unvergleichliche Meisterwerke: Große und kleine Meister der Renaissance und des Barock haben, jeder nach seiner Art, Propheten, Engel, Heilige, Madonnen, Kreuzigungen und Grablegungen, Auferstehung und Himmelfahrt gemalt, den ganzen Katalog der christlichen Bilderwelt, die hier in Rom ihre glänzendste und umfassende Erfüllung findet.

Im Grunde kennen wir jedes Mal, wenn wir eine Kirche betreten, um Bilder und Fresken zu bewundern, bereits deren Themen und wollen eigentlich nur entdecken, wie sie jeweils verwirklicht wurden. Aber in der Basilica dei Santi Silvestro e Martino ai Monti erwartet uns keine schlechte Überraschung, ein Unikum in der künstlerischen Produktion dieser Periode: Oben sehen wir die üblichen Fresken, auf denen das heilige Element einer sanften und besonders eleganten Landschaftsmalerei den Vortritt lässt. Es ist ein Zyklus von sechzehn Arbeiten, Mitte des 17. Jahrhunderts von Gaspard Dughet* gemalt, dem Schwager Poussins*, der zu den größten Landschaftsmalern gezählt wird.

Der Zyklus ist theoretisch dem Propheten Elias gewidmet, Bezugsfigur der Karmeliter, die sich seit jeher dieser Kirche widmen. Und tatsächlich, wenn man ihn genau sucht, erscheint Elias auf den Fresken: Er flüchtet sich in eine Grotte des Berges Horeb im Sinai, macht Ahab, dem König von Israel, Vorhaltungen, weil er Götzen anbetet und wird von einem feurigen Wagen entführt. Aber er ist nur ein Figürchen, verloren in der Landschaft der Albaner Berge, ein Vorwand, die Natur rund um Rom zu zeigen. Auf diese Weise sind die sechzehn Fresken eine Reise in eine Welt, die es so nicht mehr gibt, ein wertvolles Zeugnis für die Landschaft von früher: Bäume, Herden, Wasserfälle, sanfte Hügel, blauer Himmel und grüne Felder.

Heute, da wir alle das Bedürfnis und die Verpflichtung verspüren, die Schönheit der Natur vor der Bauspekulation zu schützen, vor dem Niedergang und der Verrohung, muss dieser Zyklus bekannt gemacht und geschätzt werden, weil er uns mit der Sehnsucht nach einer Welt erfüllt, die zum Teil noch standhielt, als wir Kinder waren, und die heute zur Gänze unter den Raupenketten des Fortschritts zu verschwinden droht.

Wenn der Frühling auf seinem Höhepunkt und die Luft voller neuem Licht ist, rumort irgendetwas Unbekanntes in uns, und nichts erscheint uns reizvoller, als uns den Verpflichtungen auf eine halbe Stunde zu entziehen und ganz zufällig in eine Straße am Stadtrand einzubiegen, eine von denen, die Enthüllungen und Entdeckungen verspricht.

Rom ist großzügig: Viele seiner Wege sind Romane, in denen

Personen, Plätze, Situationen in einer überraschenden Handlung zusammenkommen, wo jede Seite sich mit der vorigen verbindet, sie bekräftigt oder Lügen straft. Es genügen ein Moped und ein Quäntchen Neugier, um die üblichen vorgegebenen Wege zu verlassen, etwas zu riskieren.

So ist zum Beispiel die Via Collatina Vecchia zwischen der Via Salviati und der Via del Flauto als eine Reise auf Umwegen zu erzählen. Sie beginnt mit einem Sinti- und Romalager, das wie eine Favela wirkt: Entlang der Straße schieben Dutzende Roma Karren, beladen mit allerlei Gegenständen, Schlangen von Menschen, die aus ihren Schlupflöchern kommen und wie ganz viele kleine Ameisen wirken. Von oben betrachtet ist das Lager ein Gewimmel von Frauen und Kindern, die zwischen menschenunwürdigen Baracken spielen, zwischen Trümmern und Wellblech, Schlamm und weißen Parabolantennen und alten Mercedes-Wagen.

Nach ein paar hundert Metern, nach vielen kleinen Gärten, in denen Kraut und Kochsalat wächst, wo unverdächtige Großstadtbauern arbeiten, mit Hacke und Handy, erhebt sich die verlassene Stazione Palmiro Togliatti. Sie liegt an der Hochgeschwindigkeitslinie, in der Zukunft, die an Gegenwart und Vergangenem vorbeischießt. Von einem wild bewachsenen Abhang steigt eine blonde Prostituierte herunter, ein Buch in der Hand und gefolgt von einem Kunden mit gesenktem Kopf: Sie sind kurz davor, sich in einem Durcheinander aus Pflanzen und Plastiksäcken niederzulassen. Rechts, inmitten von üppig hochaufgeschossenem Unkraut, erinnert eine Ädikula* aus dem Jahr 1752 mit einer lateinischen Inschrift daran, dass Papst Benedikt XIV. das alte römische Aquädukt hat restaurieren lassen. Feldwege eilen wie verwilderte Hunde in alle Richtungen, ein Stückchen entfernt befindet sich die Autobahn nach L'Aquila, und noch weiter entfernt knipst sich eine fiebernde Elektrozentrale an.

Das ist Rom, ein Puzzle aus scheinbar unvereinbaren Teilen,

und doch genügt es, eine Seitenstraße zu beschreiten, um eine perfekte Landschaft zusammen zu haben, es genügen fünfzehn Minuten windwärts.

Nun möchte ich euch alle dazu bringen, eines der erstaunlichsten Naturschauspiele zu bewundern, die man auf der Welt finden kann. Ich möchte meine allererste Verwunderung in euren Augen wiederfinden, euren verblüfften Kommentaren zuhören, euer Staunen vor einem Baum genießen, der ohnegleichen ist. Wir sind im Garten der Pontificia Università San Tommaso d'Aquino, besser bekannt als das Angelicum, am Ende der Salita del Grillo. Es ist ein besonders ruhiger Ort, reich an Obstbäumen und an Schweigen, um Lichtjahre entfernt vom Lärm der Stadt. Hier gehen in den Pausen die Theologiestudenten spazieren, und hierher kam auch der junge Karol Wojtyla, viele Jahre, bevor er Papst wurde.

Nun gut, direkt beim Eingang, rechts von der Statue des heiligen Josef, steht ein großer Olivenbaum, jung und stark. Aber plötzlich stellen wir fest, dass an diesem Baum irgendetwas Seltsames ist, irgendetwas scheint zu viel: Feigenzweige sprießen aus dem Stamm. Und damit nicht genug gibt es Palmzweige und das Laubwerk von Lorbeer. Vier Bäume in einem, wie durch ein Wunder!

Wer weiß, waren es die Vögel, hat der Wind fremde Samen in diesem Olivenbaum versenkt, waren es Regen und Sonne und das Glück, dass sie so gut gewachsen sind, tatsächlich leisten einander hier vier Pflanzenwelten Gesellschaft, die sich alle vom selben Stamm nähren. Der mediterrane Olivenbaum hält Zwiesprache mit der orientalischen Palme, die Fleischlichkeit des Feigenbaums verflicht sich mit der Spiritualität des Lorbeer, und alles sprießt und entwickelt sich unter der Sonne des römischen Frühlings.

Es ist der Baum der Wunder, eine botanische Zusammenkunft von Orten und Geschichten, die allergrünste Synthese vieler Gedanken und Gefühle. Es ist unmöglich, vor einer solchen Schönheit nicht begeistert dazustehen. Man will kaum fortgehen, es überkommt einen die Lust, sich unter diesen vielgestaltigen Baum zu setzen, um in Frieden die lebensnotwendigen unendlichen Widersprüche zu erfassen und in den Griff zu bekommen.

In diesen schwierigen Zeiten dürfte man sich nicht einmal für einen Augenblick entfernen, man müsste von früh bis spät auf dem Posten sein, in der Arbeit nicht locker lassen, um gewissenhaft überall dabei zu sein, sei es nun für das eigene, sei es für das öffentliche Leben. Wehe dem, der sich ablenken lässt. Was predigen die alten Römer? »Chi si estranea dalla lotta ...«*, der verdient die Beleidigung durch den Reim.

Es ist wahr: Wir befinden uns mitten in einer sumpfigen Furt und können es uns nicht erlauben, den Vöglein nachzuschauen oder die Sterne zu zählen. Und doch, hin und wieder kann eine halbe Stunde Freiheit von Nutzen sein, und wenn auch nur, um an die bevorstehenden Mühen zu denken, um die Anspannung zu lockern, um sich in der Schönheit zu erholen, die neue Energie schenkt.

Und nun rate ich dem, der meint, dass auch im Krieg sich bisweilen eine Pause auf dem Feldbett der Illusionen lohnt, einen Kaffee an der Bar der Villa Medici zu trinken. Man muss eine Eintrittskarte für die gerade laufende Ausstellung erstehen, damit man die Treppen bis zum ersten Stock dieses wundervollen Renaissancepalastes hinaufsteigen kann. Hier haben Ferdinand I. de Medici und der Großherzog Franz Stephan von Lothringen gelebt, hierher hat Napoleon Bonaparte die Académie de France verlagert: Man atmet die Geschichten der Stadt, der Invasoren, die viel geraubt und anderes wiederum herbeigeschafft haben, Geschichten von Mord und Gewalttätigkeiten, aber auch von außergewöhnlichen Frauen und Männern.

Ingres* und Balthus* waren zwei der künstlerischen Leiter der Académie, die viele später berühmte Maler und Schriftsteller aufgenommen hat. Wir schreiten durch die Salons und auf den Treppen der Vergangenheit und halten auf die Gegenwart der Bar zu. Sie gleicht einer Luftblase, die über der Stadt schwebt, einem Zauber, der auf das ferne Chaos von Rom blickt: Von hier aus scheint alles möglich, man gönnt sich einen Atemzug im Grünen und ist bereit, den täglichen Kampf wieder aufzunehmen.

Die Fabel von Cimon und Pero bzw. die *Carità romana* wird im neunten Buch der *Detti e fatti memorabili* von Valerio Massimo* erzählt und wurde zu einem oft wiederholten Motiv der Maler des 17. und 18. Jahrhunderts.

Es ist ein starkes Bild, das gleichzeitig verstört und berührt: Eine junge Frau stillt einen Alten. Die Frau ist Pero, die ihren Vater Cimon täglich im Gefängnis besucht, wo er, von Hunger und Durst gequält, zu sterben droht. Von einer kürzlichen Geburt hat sie den Busen von Milch geschwollen und bietet ihn dem Vater, der sich an dieses Geschenk mit den wenigen Kräften hängt, die ihm verblieben sind. Jede Scham und jede Schande werden durch die Liebe überwunden, und als die Kerkermeister diese Geste kindlicher Zuneigung entdecken, die jede Vorstellung übersteigt, rührt es ihr Herz, und sie befreien den alten Cimon.

Einen Alten, der durch Entbehrungen zu sterben droht, zu säugen, einen Vater zu säugen: Das ist die allervornehmste *Carità romana*, die von Rubens* und von Guercino* gemalt wurde. Aber auch Bernini wagte sich an dieses Thema. In der Cappella De Sylva, in der Kirche Sant'Isidoro, in der Via degli Artisti, gibt es ein Grabdenkmal, das von den vier Tugenden geschmückt wird – als da sind Justitia, Verità, Pace und Carità.

1860 aber fand die Kirche dieses Bildnis der Frau, die ihre Brüste zwischen die Hände nimmt und an ihnen zieht, um die nährende Milch abzuzapfen, zu menschlich, zu skandalös, eine Heilige, die sich selbst darbietet. Also statteten sie sie mit einem Hemd aus Bronze aus, einer Art Strafmieder über dem marmornen Fleisch der schönen Pero. Erst 2002, im Rahmen einer Restaurierung, wurde die Veränderung durch die Zensur entdeckt, die Brüste und Barmherzigkeit weggesperrt hatte.

Sonntags können wir unsere Augen an der noblen Schönheit dieser Brüste stillen, die geschwollen von Liebe sind.

Hier das Ende von *Essere rondine*, einem der schönsten Gedichte von Mario Luzi*:

»C'è pena / o c'è felicità in quel fervere / o in quell'affannarsi? / che c'è in quel vorticare / della vita dentro i suoi recinti? / Sono libere / quelle anime / ma libere di muoversi / a un ritmo segnato … / che dice la molle ricaduta / che cosa la razzante ascesa / e la frenetica frecciata – / si occulta spesso / talora si lascia leggere / un pensiero scritto in ogni parte / in ogni parte operante. / Lo esprimono / forse esse lo gridano con strazio ed ebrietà, / ne infuriano – / è questo il loro essere rondini, / in quella irrequietudine è la loro pace.«*

Wie schön und wie wahr ist dieser letzte Vers: Wie fühlen wir uns unruhig und doch lebendig und angezogen von der frühlingshaften Erregung, als ob unsere Natur als Menschenwesen so sei wie die der Schwalben, zu gehen und zu kommen, Frieden zu finden nur in der Unruhe der Tage und der Gedanken.

Für die Unbeweglichkeit des ewigen Friedens ist noch Zeit. Wir gehen also zur Villa delle Rondini, einem Gebäude, das sich auf Nummer 251 der Via delle Fornaci befindet, auf der linken Seite, an der Ausfahrt in Richtung Sankt Peter. Nun gut, unter dem Hauptgesims dreht sich in mehr als einem halben Meter Höhe eine Schrift, die Folgendes sagt: »Die Schwalben erfreuen das Dach und die Kinder das Haus. Kommt Schwalben, und Ihr Kinder werdet hier immer willkommen sein. Mag Euer fröhliches Geschrei hier auf ewig widerhallen.« Kinder und Schwalben, Lauf und Flug, Luftsprünge und geflügeltes Vorschnellen, eine schöne Koppelung, aufgenommen in diesem Gebäude, das auch eine Kinderkrippe beherbergt.

Heutzutage sieht man allerdings kaum Schwalben, sie wurden von den schrecklichen Krähen verdrängt, den unglückbringenden Herrscherinnen des Himmels und der Straßen von Rom. Die einzige Unruhe, die noch herrscht, ist die unsere.

Hier also eine Spritzfahrt, die auf vielerlei Arten belehrt: Sie handelt davon, in die Olimpica in Richtung Stadion einzubiegen, den lärmenden Verkehrsfluss nach dem zweiten Tunnel hinter sich zu lassen und sich nach rechts zur Via dei Monti della Farnesina zu wenden. Das ist eine ziemlich steile Auffahrt bis auf die Spitze des Berges, wo – glücklich, wer da wohnt – einige Villen stehen, die nach Wohlstand und Privilegien riechen. Man glaubt, sich in einem Ort der Voralpen zu befinden, das Grün wächst üppig, die Luft ist sauber; aber wenn wir uns in Richtung Tal wenden, ist da die weiße Krone des Olimpico zu sehen, die uns daran erinnert, wo wir sind, und hinter ihr liegt ganz Rom, heiter ausgebreitet, wie auf dem Bild eines Sonntagsmalers.

Entlang der Auffahrt hört man das Wiehern der Pferde aus einem eleganten Reitsportzentrum und das Trillern der vielen Vögel, die zwischen den Bäumen Schatten und Erholung finden. Aber es gibt noch viel mehr, jede Menge anderes, über das sich nachdenken ließe: die Geschichte, der Skandal, die politische Misere. Es genügt, sich zur Via Farneto zu wenden, einer kleinen Nebenstraße, rechts gelegen, wo man an einer großen Autowerkstatt vorbeifährt, um auf die Vorderfront der berüchtigten Station

Olimpico-Farnesina zu treffen, die in größter Eile für die Fußball-Weltmeisterschaft 1990 errichtet wurde. Sie funktionierte nur acht Tage – während derer tausende Fußballfans ausstiegen, die zum Stadion wollten –, und dann wurde sie für immer geschlossen. Es gab parlamentarische Befragungen und Prozesse, aber 1995 befand die Justiz endgültig, dass niemand für die monströse Geldverschwendung zur Verantwortung zu ziehen sei.

Heute scheint diese Station wie ein verlassener Tempel mitten im Dschungel, die Mauern zerbröckelt und mit Schmierereien bedeckt, die verspiegelten Fenster fast zur Gänze zerbrochen, das Grün und die Vernachlässigung fressen alles nach und nach auf. Man sollte Schulklassen hierher bringen, hier auf diesen Hügel, um den Kindern verständlich zu machen, wie wichtig eine gute Politik ist, wie viele Verbrechen begeht, wer unverantwortlich entscheidet oder wie ein Straßenräuber handelt. Natur und Korruption, Schönheit und Elend: Es genügen zehn Minuten und zwei verlassene Straßen, um uns bewusst zu machen, dass auf der Erde nebeneinander Blümchen und schmutzige Geschäfte wachsen, Träume und Alpträume.

Wenn man in Rom den Durchgang in eine magische Welt finden will, muss man sich in die Gärten der Piazza Vittorio begeben, wo sich eine geheimnisvolle Pforte öffnet und wieder schließt. Es ist das, was von der Villa des Marchese Massimiliano Palombara* erhalten geblieben ist, dem Überzeugtesten unter den Suchern nach dem Stein der Weisen und der Formel, die Blei in Gold verwandelt, letztes und symbolisches Ziel der ganzen alchemistischen Kultur.

Die Legende erzählt, dass in einer Nacht des Jahres 1680 ein Pilger an das Tor von Palombaras Palast geklopft, Gastfreundschaft verlangt und im Gegenzug dafür seine Dienste angeboten habe. Er wurde erhört, doch tags darauf war er nicht mehr da, er hatte sich in Luft aufgelöst. Er ließ einen Splitter Gold in einem Schmelztiegel und eine Serie hermetischer Aufzeichnungen auf einem Blatt zurück, vielleicht der Schlüssel dazu, niedrige Materie in irgendetwas viel Wertvolleres zu verwandeln. Der Marchese ließ also am Türpfosten dieser mysteriösen Pforte eine der rätselhaften Phrasen des Pilgers einritzen, die mehr oder weniger besagt: »Der Durchmesser der Sphäre, das Tau des Kreises, das Kreuz der Erdkugel nützen den Blinden nichts«, dazu andere Zeichen einer himmlischen Geometrie, die weitgehend unverständlich sind.

Seit damals haben tausende Wissenschaftler und vom Goldfieber getriebene Illusionisten diesen Ort besucht. Aber vielleicht steckt hinter jeder alchemistischen Suche noch etwas anderes: die verrückte Hoffnung, die Materie abzuwerfen, um das Königreich des Geistes zu beschreiten, der begrenzten Lebenszeit zu entfliehen.

Die Zeit zieht sich zusammen und dehnt sich aus, sie weiß sich auf den Augenblick zu konzentrieren und gegen die Ewigkeit hin auszubreiten, sie ist ein Blitz und ein Himmel. Und wenn wir die gleichzeitige Anwesenheit der unterschiedlichen Zeiten spüren wollen, auf geheimnisvolle Weise ineinander verschlungen, flüchtig und steinern, dann ist der Platz dazu der Roseto comunale an den Hängen des Aventin. Bis zur Hälfte des 17. Jahrhunderts war das der Friedhof der römischen Juden, und er bewahrt noch immer – nach seiner Umwidmung in den Dreißigerjahren in einen Garten, in dem wunderschöne Rosen kultiviert und gekreuzt werden – die Erinnerung an diese Vergangenheit, weil die kleinen Wege zwischen den weitläufigen Wiesen die Menora bilden, den siebenarmigen Leuchter.

Wenn wir auf einer Bank oberhalb des Hangs sitzen, können wir die gewaltige Fläche betrachten, auf der die Rosen, jede mit ihrem Namen, Nefertiti und Fabulous, Compassion, Superstar und Carina wachsen, mehr als tausend verschiedene Sorten, historische und moderne, von den Züchtern erfunden, den zahllosen Meistern des Kreuzens und der Artenvielfalt. Da gibt es die Rosen Floribunde und Tappezzanti, Miniature und Rampicanti, Rubiginose und Bourboniane, Meisterwerke, die »l'espace d'un matin«, also gerade einen Morgen halten, wundervolle Monumente der Schönheit und der Vergänglichkeit des Lebens. Sie stehen vor uns wie flüchtige Augenblicke, und da, hinter ihnen der Circus Maximus und der Palatin, die jahrhundertelange Geschichte Roms, die Vergangenheit, die der Gegenwart von ihrer Macht und ihrem Niedergang erzählt.

»Durch die Erinnerung an eine Rose ist noch niemals ein Gärtner gestorben«, schrieb Fontenelle, ein genialer Aphorismus, der uns die diversen Rhythmen der Zeit erklärt, das Sandkorn in der Stundenuhr und auf dem grenzenlosen Meeresstrand. Und doch haben wir im Roseto comunale den Eindruck, in einem einzigen stummen Gedanken die Umarmung zwischen einer Rose und den Jahrtausenden wahrzunehmen, zwischen einem Herzschlag und dem ganzen Leben. Ich glaube, dass es auf der Welt anderswo keine Plätze gibt, die so sinngeladen sind, so perfekt. Wir verlassen den Garten mit dem Gefühl, dass dieser Park nie mehr aus unserem Inneren verschwinden wird.

Vom Ponte Sublicio* aus betrachte ich den Tiber, der unten vorbeiströmt: Die ständige Bewegung des Wassers ruft viele Gedanken hervor, so groß, dass man sich in ihnen verlieren könnte. Ein alter Herr stellt sich neben mich und sagt, dass auch er ab und an gerne auf der Brücke stehen bleibt, um den Fluss zu betrachten. »Übrigens scheint es so zu sein, dass der Name Rom von *Rumon* abstammt, dem archaischen Namen des Tiber, verbunden mit dem Wort *ruo*. Wir Römer wissen seit Anbeginn, dass die Dinge vorübergehen, dass wir aus fließendem Wasser und Zeit gemacht sind.« Es kommt also immer noch vor, dass man Leute trifft, die in ihre Stadt, in ihre Geschichte verliebt sind.

»Diese Brücke, il Sublicio, ist die älteste, die erste«, informiert er mich. »Sie wurde unter Ancus Marcius 614 v.Chr. errichtet, mit großen Stützbalken aus Holz, die die Volsker gerade deshalb *sublicae* nannten. Hier kämpfte auch Horatius Cocles. Wer weiß, ob sie den Kindern in der Volksschule noch von diesen legendären Geschehnissen erzählen: Er stellte sich an das obere schmale Ende und bekämpfte mit dem Schwert die Etrusker aus Porsenna, die den Tarquiniern die Macht zurückgeben wollten.« Allein gegen die Feinde, um die Kultur zu verteidigen.

»An jedem 15. Mai kam eine von der Vestalin Flaminia in wehendem Gewand geleitete Prozession hierher, um all ihre Sorge auszudrücken. Sie warf vierundzwanzig Puppen, an Händen und Füßen zusammengebunden, in den Tiber, wahrscheinlich in Erinnerung an die Menschenopfer für den Gott des Flusses.« Dann verharren der Professor und ich eine Weile in Schweigen und betrachten das rasch fließende, trübe und ölige Wasser.

»In diesem Jahr ist der Fluss immer angestiegen: Es verschafft Genugtuung, ihn so stark und mächtig zu sehen. Wenn er wenig Wasser führt, macht das melancholisch.«

Er hat recht: Wenn der Tiber auf seine Weise die Launen der Stadt sammelt und von ihnen erzählt, dann sagt uns diese rauschende Wasserfülle, dass Rom immer noch Kraft besitzt, und dass wir hoffen können, es noch einmal im Vollbesitz dieser Energie zu erleben, in einer Zeit der Erlösung und des Mutes.

»Lou, liebe Lou, Nun bin ich in meinem kleinen Garten-Haus, und es ist nach vieler Unruhe die erste stille Stunde darin; nun hat alles in dem schlichten Raum seine Stelle.« Das schrieb Rainer Maria Rilke über den Frieden der Villa Strohl-Fern*, die, wie Amelie Posse* sagte, »aus der Ferne betrachtet scheint wie ein irrealer Traum, den kein Krieg und keine Unruhe treffen kann.«

Alfred Wilhelm Strohl war ein Elsässer, der nach dem Ende des Deutsch-Französischen Krieges kein deutscher Staatsbürger werden wollte. Er reiste also für eine gewisse Zeit zwischen Europa und Afrika hin und her, so lange, bis er entschied, sich in Rom niederzulassen und aus seiner Villa, knapp hinter der Porta Flaminia gelegen, einen besonderen Ort zu machen, ein Refugium für Dichter und Maler. Er fügte seinem Familiennamen Strohl den Namen »Fern« hinzu. Seine Vorstellung von Mäzenatentum veränderte die acht umliegenden Hektar: Es wurden Bäume gepflanzt, Wege geschaffen, Brücken und Grotten. Die Villa selbst erhielt ein beinahe gotisches Aussehen, so als wolle sie Hauptdarstellerin in einem Märchen werden. Es wurden zahlreiche Ateliers mit Glasdächern eingerichtet, um Künstler aufzunehmen, die hier eine besondere Ruhe genossen, gerade so ein wenig außerhalb der Stadt.

Es waren viele hier, Rilke und Arturo Martini*, Carlo Socrate*, Carlo Levi*, Paul Morand*, Matilde Serao*, die hier sogar einen ihrer Romane, *La mano tagliata*, spielen ließ. Es war eine glückliche Einsiedelei, eine Thebais* freier Frauen und Männer, und hier entstand auch ein Großteil der römischen Kunst des 20. Jahrhunderts. Heute aber ist die Villa Sitz des Liceo privato Chateaubriand, und alles ist anders.

Wie viele Geschichten sind mit Rom verflochten: berühmte Geschichten und andere, in einer mysteriösen Inschrift verborgen, in einem abgeschlagenen Kapitell, in einem dunklen Bild, in einer Kirche.

Vor einigen Tagen bin ich beim Campo *Artiglio* stehen geblieben, einer der ältesten Sportstätten von Rom, wo beim Ballspiel tausende Buben trainiert und sich unterhalten haben. Es ist das der sogenannte »calcio minore«, der »kleine Fußball« mit wenig Geld und viel Begeisterung: Heute, da niemand mehr in den Gärten und den Innenhöfen hinter einem Ball herläuft, sind diese Sportplätze an der Peripherie enorm wichtig, um unseren Kindern Sauerstoff und Energie zuzuführen.

Aber ein Zweifel blieb mir: Woher stammt dieser Name *Artiglio*? Geht er auf den *Artiglio della Tigre** zurück, auf die Kampfeslust, auf die Schlacht auf dem Feld? Und so habe ich eine Geschichte entdeckt, die im Meer vergraben liegt. *L'Artiglio*, gemeinsam mit dem *Rostro*, dem *Raffio* und dem *Arpione*, war Teil der kleinen Flotte eines ligurischen Reeders, die die Schiffe bergen sollte, die im Ersten Weltkrieg versenkt worden waren. Schiffe, die Gold und Silber geladen hatten wie das *l'Egypt* oder Tonnenladungen von außerordentlich explosivem Material wie die *Florence H*, die auf dem Meeresgrund vor Brest zurückblieb.

L'Artiglio erreichte die Stelle, und ihre Taucher, die ersten, die feste Taucheranzüge trugen, ließen sich hinunter, erkundeten das Wrack und schätzten ab, was zu tun sei. Im Jahr 1930 erwies sich bei dem Versuch, die *Florence H* zu sprengen, das Zündkabel für das Dynamit, mit dem die untergegangene Schiffsladung gespickt war, als zu kurz: Und gemeinsam mit dem Wrack flog auch die *Artiglio* in die Luft, mit all ihren Matrosen und Tauchern. Zur Erinnerung an das Schiff und seine mutige Besatzung wurde der Spielplatz der Via Boemondi *Artiglio* genannt.

Heute spielen die Buben Fußball, der Trainer brüllt, die Eltern träumen von einem Champion, und niemand erinnert sich mehr an das Schiff *Artiglio*, an seine gefährlichen Abenteuer und an seine Explosion.

Aber die erste Fußballmannschaft der Kapitale, welche ist das gewesen?

Darüber wird diskutiert, man zieht einander damit auf, man

streitet darüber: Zunächst denkt jeder an sich selbst und überschüttet alles literweise mit giftigem, blödem Hohn. Vielleicht ist das der Augenblick, um festzustellen, dass es nicht Lazio und nicht einmal AS Roma waren, die den Ehrentitel besaßen, hoffen wir, dass diese Entdeckung Beruhigung bringt und neue Liebe für den Sport als Spiel, begriffen als Spaß, Fröhlichkeit, Herausforderung.

1890 wurde die Società Ginnastica Roma gegründet, und ihr erster Präsident wurde tatsächlich Menotti Garibaldi. Auf ihn folgte Ernesto Nathan*, der große Bürgermeister, der eine moderne, leistungsfähige Stadt erträumte, in der auch die Katzen sich mühen mussten, ihre Portion Kutteln zu verdienen. Die Idee war, die Römer an den Sport heranzuführen, den Körper als lustvollen Tempel und nicht als Sitz der Sünden anzusehen. Die Società Ginnastica Roma hatte sofort viele eingeschriebene Mitglieder, hier übte man sich in Athletik, im Boccia-Spiel, dem Trommelball-Spiel, im Bogenschießen. Auch Frauen konnten sich in den Circolo einschreiben lassen und auf diese Weise anstandslos schwitzen. Für die Kinder wurde sogar eine »palestra popolare«, eine öffentliche und kostenlose Turnhalle, gegründet, die einer sozialen und demokratischen Einstellung dem Sport gegenüber entsprang. Und 1895 betrat die erste Fußballmannschaft der Kapitale das Feld: Davon berichtete am 28. Dezember jenes Jahres die Zeitung *The Roman Herald*. 1899 gewann die »compagine biancostellata« die erste Fußballmeisterschaft der Stadt. Nach verschiedenen Umzügen hat der Circolo seit 1920 seinen Sitz unter den Mura Aureliane, hinter der Porta Pinciana: Es lohnt sich, aus dem Verkehr der Muro Torto* auszuscheren, um einen Blick auf diesen wunderbaren Platz zu werfen.

Im Café der Società Ginnastica Roma könnten sich die Anführer der römischen Fußballfans treffen, um gemeinsam der vornehmen Urgeschichte des kapitolinischen Fußballs zu huldigen.

Um zu lernen, dass der Sport Rivalität und Freundschaft ist, zwei Gefühle, die glücklich zusammenleben können.

Die aktuelle Krise kann man auf verschiedene Art und Weise studieren: die Seiten der Zeitungen lesen, wo die Experten ihre aufmerksamen Analysen anstellen, irgendeinen klassischen Wälzer über den Untergang des Okzidents zur Hand nehmen oder sich Informationen bei einem in Ökonomie promovierten Freund einholen, der schon lange Bescheid weiß, wie diese Mechanismen funktionieren und wie sie einander gegenseitig behindern. Aber viel einfacher, viel konkreter kann man auch einen Abstecher in eine Markthalle machen, vielleicht in jene auf der Piazza Alessandria, und den Gesprächen der Leute lauschen, die hinter den Obstständen arbeiten oder hier sind, um ein Kilo Orangen zum günstigsten Preis zu kaufen.

In der Markthalle, einem schönen Bau aus dem Jahr 1935, mit hohen und spektakulären Glaswänden im Jugendstil, gibt es *Il mio baretto*, ein winzig kleines, wirklich sympathisches Lokal, mit einem kleinen Tresen, einem Eisschrank und einem einzigen Tischchen mit zwei Stühlen, wo man Halt machen kann, um sich auszuruhen, nachzudenken. Das ist der beste Ort, um die Krise zu begreifen, ihre Tragweite, ihre Erbarmungslosigkeit. Hier, bei einem genussvollen und noch immer bezahlbaren Kaffee, diskutieren die Leute über den Preis der Artischocken, den des Koteletts und den für das Frühstücksgebäck. Und diese Worte beschwören präzise und beunruhigende Verbindungen herauf zwischen den Tomaten und den Banken, zwischen dem fernen Amerika und dem, der hier nur mit Mühe seinen Tag bewältigt.

Das hier ist ein perfektes Observatorium, eine Universität der realen Ökonomie, eine Kanzel, von der aus man Verwünschungen gegen die Mächtigen der Welt schleudern kann, ein Ort der einfachen Solidarität mit den Leuten. Kurz: Hier fließt und sitzt das alltägliche Leben, hier lernt man zu verstehen und Widerstand zu leisten.

Ein Platz ist ein Platz, wenn er die Menschen liebevoll aufnimmt, wenn die Leute aus dem Viertel gerne aus dem Haus kommen, um Menschen zu treffen, um mit den Freunden, aber auch mit Unbekannten zu plaudern, um wenigstens für eine Stunde das Gefühl der Gemeinschaft wiederzufinden.

Ich erinnere mich gerne an das Projekt Cento Piazze, das von der ersten Kommission Rutelli* Mitte der Neunzigerjahre mit Nachdruck vorangetrieben wurde: Es ging darum, einige zentrale Plätze der Stadt wieder zu beleben und andere an der Peripherie anzulegen, um das Gefühl für Teilnahme aufleben zu lassen, den Sinn für regen Meinungsaustausch und den für Brüderlichkeit. Die Eier waren frisch, aber man muss eingestehen, dass das Omelette danebenging.

Ich denke etwa an den Platz, der in Pietralata geschaffen wurde, eine Mulde unter dem Niveau der Straße, die nach wie vor den Anwohnern gewidmet ist, oder an den wiederbelebten Platz in Quarticciolo, unbequem und daher bei den Leuten des Viertels wenig beliebt. Perfekt dagegen gelang die Rekonstruktion der Piazza di Santa Maria Consolatrice in Casal Bertone, ein exemplarisches Projekt des Architekten Ettore Pellegrini.

Nichts allzu Fremdes, keine narzisstische Übertreibung, nur die präzise Definition eines freien Platzes, auf dem sich an jedem Morgen, jedem Nachmittag und an jedem Abend eine fröhliche Menschenmenge trifft. Es scheint beinahe, als würde man sich auf einem Dorfplatz befinden, mit dem Laden, der offenen Wein verkauft, der Kirche, den Plakaten und den Aushängen, die den Tod eines Verwandten verkünden, den hohen Bäumen und einem Kiosk mit Getränken und Zeitungen. Die großartige und simple Idee dabei war, lange Sitzbänke aus Travertin zu schaffen: Hier nehmen die Leute Platz und beginnen zu reden. Hier beginnt die Gemeinschaft neu.

Vielleicht gibt es in Rom keinen anderen Ort, der gleichermaßen einladend ist, wo die Alten mit den Jungen sprechen, wo die Mütter die Kinder laufen lassen, wo sich die Verlobten treffen. Es ist ein glücklicher Platz, der der Welt ähnelt, die wir uns wünschen.

Zwei Römer im Unterhemd betrachteten am 4. Juni 1944 die Amerikaner auf ihren Panzern, jung und stark, und die Triumphatoren warfen im Vorbeifahren jenen Zigarettenstangen und Schokolade zu, die ihnen vom Straßenrand aus Beifall spendeten. Eine halbe Stange landete in den Händen eines der beiden erstaunten Römer, der mit nicht enden wollender Bewunderung die Gottesgabe, die ihm von den Siegern beschert worden war, hin und her drehte und betrübt zu seinem Freund sagte: »Ma tu guarda un po' chi semo annati a prenne de petto ...«* Und so muss man, bevor die Herausforderung ausgesprochen wird, die Kräfte der antretenden Rivalen messen, herausfinden, wer der Gegner ist, wer wir sind.

Offensichtlich hatte Prospero Antichi*, ein mittelmäßiger Bildhauer des 16. Jahrhunderts, den Abstand zwischen sich und Michelangelo nicht gut eingeschätzt, und als Papst Sixtus V. ihm den Auftrag für eine Statue gab, um sie in das Zentrum der Mostra dell'Acqua Felice zu stellen, entschied der arme Prospero, einen *Mosè* zu schaffen, der den des göttlichen Michelangelo an Schönheit und Kraft überragen sollte.

Der Überlieferung nach machte er sich rasch an die Arbeit. Weil die Zeit drängte, legte er den Marmorblock auf die Erde, wodurch er den Sinn für die Proportionen völlig verlor. Bei früheren Werken war er immer gut durchgekommen: Das Grabmal für Gregorio XIII.* in Sankt Peter und die Stuckfiguren in Sant'

Eligio degli Orefici wurden geschätzt. Aber diese Arbeit nun sollte sein Meisterstück werden. »Arcibruttissimo«, über alle Maßen hässlich, nannte es Costantino Maes*, ein großer Kenner römischer Kunstwerke, mit giftiger Feder. Ganz Rom lachte über diesen verunglückten und lachhaften *Mosè*, mehr breit als hoch, der vorgab, majestätisch zu sein und doch bloß ein lächerlicher Hampelmann war.

Die Legende berichtet weiter, dass Prospero Antichi – verhöhnt und missachtet – sich selbst mit einem Dolch getötet hat. Aber vielleicht ist es anders gelaufen. Vielleicht murmelte auch Prospero wie die beiden ausgezehrten Römer, die ihre halbe Stange Kent an die Brust drückten: »Ma guarda chi so' annato a prenne de petto.« Und dann lächelte er und machte unter dem blauen Himmel Roms einen Spaziergang.

Am 5. Juni 1944, als Rom nicht davon abließ, die Amerikaner festlich zu begrüßen, ging Ugo Forno, genannt Ughetto, zwölf Jahre alt, ein braver Schüler der Schule Settembrini, dem Tod entgegen.

An diesem Morgen hatte er auf der Piazza Vescovio mitbekommen, dass die Deutschen beim Rückzug daran waren, den Ponte sull'Aniene im Norden der Stadt zu verminen. Ughetto ging also nach Hause, nahm zwei Granatwerfer, die er an einem der letzten Tage gefunden hatte (sie waren von den Nationalsozialisten zurückgelassen worden) und näherte sich in Begleitung einiger etwas älterer Freunde einem ebenso heroischen wie absurden Tod. Er hoffte, die feindlichen Pioniere zu erschrecken und die Brücke zu retten, er träumte davon, seinen Beitrag zur Befreiung der Stadt zu leisten. Er starb, von Schüssen durchsiebt, während Rom glücklich tanzte.

Im Parco Nemorense, einer Grünfläche, fünfzig Meter von seinem Elternhaus entfernt, hat die Stadtverwaltung 2005 eine Tafel angebracht, die an ihn erinnert. Er war klein, stolz und mutig, dieser Ugo Forno, und er war der letzte Tote der Resistenza Romana.

Ich betrachte diese Tafel, von irgendeinem blöden und unverantwortlichen Sprayer verunstaltet, und begreife, dass unsere Zeit niemandem und nichts mehr Achtung schenkt: Vielleicht ist der, der diese Erinnerung beschmutzt hat, gerade ein wenig älter als Ughetto es damals war, als er getötet wurde, und vielleicht fühlt er sich als ganzer Kerl, weil seine Hand nicht einmal vor den Toten Halt macht.

Er weiß nicht, dass er das, was er tut: aufs Geratewohl die Wände des Kiosks im Park zu beschmieren, in verrückter Freiheit sein Erwachsenwerden zu erleben, nur tun kann, weil sich jemand auch für ihn geopfert hatte, um ihm zu ermöglichen, sein ganzes verwirrtes, trostloses Dasein auszudrücken. Er weiß nicht, dass es eine Zeit gab, in der man schweigen musste, und dass Ugo Forno sich hat töten lassen, um das Prinzip der Freiheit zu verteidigen.

Ich betrachte die geschmähte Marmortafel und denke, dass man ohne Erinnerung eigentlich dahintorkelt wie Demente und nur ins Dunkel der Nacht lacht.

Ich glaube, dass jeder Elternteil für sich wünscht, die eigenen Kinder verblüffen zu können, ihnen zu zeigen, dass man noch fähig ist, aus dem zerfledderten Hut der Alltäglichkeit ein Staunen erregendes Kaninchen zu ziehen! Folgt mir, Kinder, begleitet mich zu einem außergewöhnlichen Abenteuer, das in der Regel beim üblichen Ringelspiel endet, beim Eisverkäufer oder dabei, scheußliche Monsterpuppen zu kaufen. Aber wir sind Römer, es steht uns eine Stadt zur Verfügung, die ein Füllhorn an Überraschungen ist. Habt nur ein wenig Vertrauen, und das Wunder geschieht.

Und so bin ich eines Tages mit meinen Kleinen zufällig im Krankenhaus der verwundeten Fledermäuse gelandet. Einem Ort, der so nicht einmal in Gotham City existiert, als allerreinste Sequenz aus einem Film von Tim Burton, ein fröhlicher Alptraum, ein Abgrund im Verlauf der gemeinen Logik.

Und hier, im Park der Villa Ada, gibt es eine Verrücktheit dieser Art, ein Schauspiel, das auch das gelangweilteste und faulste Kind der Welt verzaubern muss. Dazu peilt man den Parco giochi an, auf der Seite der Salaria: Die Autoscooter, die kleine Burg mit den Rutschbahnen, die großen Tische vollbeladen mit Pizzette für die vielen Geburtstage muss man hinter sich lassen und dann noch ein Stück weitergehen. So erreicht man, ganz am Ende, ein halb eingestürztes Haus. Es scheint von Gott und den Menschen verlassen, dabei beherbergt es zwei promovierte Naturwissenschaftler, die von der Lega italiana protezione Uccelli, dem italienischen Verband für Natur- und Vogelschutz, geschickt worden waren und sich um die Gesundheit der Fledermäuse kümmern.

Auf den Tischen stehen Speisebretter, übervoll mit lebenden kleinen Würmern: Mittag- und Abendessen unserer fliegenden Säugetiere, was scheußlich aussieht und die Kinder begeistert. Inzwischen erklären die sachkundigen Ärzte auch schon, was Fledermäuse sind, wie sie fliegen, wie sie sich orientieren, und alle Kinder stehen da mit offenem Mund, die Augen fest auf diese geflügelten Mäuse gerichtet. Eine unvergessliche halbe Stunde. Und beim Rausgehen kann man zu den Kindern sagen: »Los jetzt, ab mit euch ins Batmobil.«

Der Grande Raccordo Anulare ist für uns Römer nicht nur eine Straße, die die Stadt umarmt: Er ist eine Erfahrung. Während wir über den Ring fahren, entwickeln wir quasi in unserem Unterbewusstsein Gedanken, die uns an keinem anderen Ort der Welt einfallen. Wir sind in diesem magischen Kreis wie die Zeiger einer Uhr, die immer und immer wieder die gleichen Punkte passieren. Wir erfassen den zyklischen Ablauf der Situationen, entdecken die unvermeidliche Kurve des Lebens. Alles wird geboren und alles stirbt, und alles beginnt von vorne im Kreislauf der Zeit, der Natur und der Stadt. Wir sehen die neuen Einkaufszentren, die sich in Bau befindlichen Gebäude der kleinen Wohnviertel, die rasch wachsen, Überbleibsel grüner und dann gelber Wiesen. Und wir sehen auf der Höhe der neuen Siedlung der Porta di Roma, aber vom anderen Teil der Fahrbahn aus: einen außergewöhnlichen Schrottplatz.

Schrottplätze sind Orte, die Faszination ausüben, Friedhöfe aus Blech, Berge von Autos, die einst jung und schön waren und jetzt verlassene Wracks sind. Aber dieser Schrottplatz bietet dem Blick des Passanten noch viel mehr: Da gibt es verrostete Helikopter, ein Militärflugzeug, das nie wieder fliegen wird, ja sogar einen Panzer. Wie ist es möglich, dass sie alle hier gelandet sind? Es waren mächtige, aggressive, unbesiegbare Maschinen, und nun sind sie bloß Abfall, der zu nichts mehr taugt. Kraft und Stolz haben sich in Elend und Verfall verwandelt.

Nichts ist von ewiger Dauer, weder hier auf dem Raccordo noch sonstwo, das will uns der spektakuläre Schrottplatz sagen, niemand gebe sich da Illusionen hin, niemand täusche sich da. Niemand soll sich einbilden, anderes zu sein als das, was er ist: Zeit, die verrinnt und sich verbraucht. Dieser Ort ist ein Altar, dem Schicksal errichtet, eine Mahnung, eine Einladung nachzudenken. Alles kann hier enden, Fahrzeuge und Flugzeuge, Räder und Raupenketten. Ich stelle mir vor, dass wir eines Tages, wenn wir über den Raccordo rasen, auch ein Raumschiff sehen werden, verkehrt herum auf einem alten blauen Ritmo* abgestellt.

Manchmal geht man durch die Stadt, ohne ein genaues Ziel im Sinn zu haben. Es ist eine Form verwirrter Zuversicht, weil ja irgendetwas geschehen muss, irgendetwas plötzlich eintreten wird: Wenn wir uns nichts erwarten, erwartet uns irgendetwas.

»Quanto ti camminai ragazzo! Ad ogni / svolto che mi scopriva nuova terra, / in me balzava il cuore di Caboto / il dí che dal malcerto legno scorse / sul mare pieno di meraviglioso / nascere il Capo«, so schrieb zu Beginn des 20. Jahrhunderts Camillo Sbarbaro*, der große italienische Dichter und Erforscher der Einfachheit. Wie Caboto* haben wir plötzlich eine unbekannte und notwendige Landschaft vor Augen, als hätten wir, ohne es zu wissen, eine Verabredung mit einer Überraschung.

Wäre Rom eine Orange, dann wäre die schmackhafteste Spalte die zwischen Via di Porta Latina und Via di Porta San Sebastiano, ein enger Winkel, in den das Chaos nicht eindringt. Zwischen den beiden Straßen, die Korridoren gleichen, lang, eng und vertraut, öffnet sich der Parco degli Scipioni, ein Ort, an dem man zehn Minuten lang an ein ruhigeres Leben denken kann. Wenn man sich anmeldet, kann man die Reste der Sepolcri degli Scipioni* besuchen und das sogenannte Colombario, einen kleinen unterirdischen Friedhof mit Fresken aus dem 1. Jahrhundert n. Chr.

Aber auch wenn wir uns nur untätig auf eine Bank setzen, schenkt uns dieser Park Augenblicke der Ruhe. In der Mitte lässt ein kleines Karussell seine fliegenden Pferdchen kreisen: Der Motor dieses glücklichen Rades ist ein Mädchen, das das Fußbrett tritt. Es scheint, dass dieses das einzige Karussell in Italien ist, das dank der robusten Beine eines Mädchens betrieben wird. Die Kinder heben von der Erde ab, lachen im luftigen Kreis und geraten in freudige Aufregung. Dieser Kreis erweitert sich in unseren Augen, und für einen Moment will uns scheinen, dass ganz Rom sich dreht, weil es sich dem Fußtreten des Mädchens anvertraut. Für ein Weilchen geben wir uns der Illusion hin, dass alles gut wird, wenn es einer sanften Ordnung folgt.

Bevor die glühende Sommerhitze die Parkanlagen gelb färbt, bevor die drückende Schwüle die Gedanken verklebt, suchen wir eine Ecke des grünen und freundlichen Frühlings, einen kleinen

Kreis des Friedens, um für zwanzig Minuten Atem zu schöpfen, wobei wir vielleicht einige Seiten in einem Buch durchblättern. Aber ebenso gut ist es zu schweigen, wenn wir mit jeder Zelle unseres Körpers einen Moment Frieden kosten.

Die Salita di San Gregorio hinter dem Gebäude, das die antike Fonte dell'Acqua di Mercurio aufnahm, scheint sich vom Chaos der Stadt abzulösen: Eine steile Treppe zur Rechten lädt uns in einen Teil Roms ein, den quasi niemand kennt, in einen verzauberten Kreis außerhalb der Welt. Oben auf dem Hügel, der sanft dem Palatin und der Geschichte die Stirn bietet, treffen wir sofort auf einen *playground*, einen Basketballplatz, der Davide Ancilotto* gewidmet ist, einer großen Hoffnung dieser Sportart, den der Tod mit nicht einmal vierundzwanzig Jahren dem Ruhm entrissen hat, der aber im Gedenken der römischen Fans sehr lebendig bleibt. Italienische und ausländische Jungen spielen Basketball, veranstalten kleine Wettkämpfe zwischen den hohen Bäumen, und die Stunden verrinnen so langsam, dass sie unbeweglich scheinen, im antiken Herzen der Stadt.

Noch ein paar Schritte und wir sind in der Campagna. Nur eine übertriebene Reihe von Marmorbänken, glänzend poliert wie Spiegel, erinnert an einen städtischen Garten: Gäbe es sie nicht, würde man meinen, weit weg von Rom zu sein, auf dem Feld eines alten Onkels, der Landwirt ist. Pflaumen und Marillen, Maulbeerbäume, eine frische Wiese, von keinem Gärtner gekämmt, eine seltsame bukolische Atmosphäre nimmt uns freundlich auf. Man erwartet, eine Kuh weiden zu sehen, vier Schafe, die langsam das Grün wegfressen. Wir sind nur zweihundert Meter vom Kolosseum entfernt.

Ein Gebäude im Hintergrund beherbergt angehende Schauspieler, und irgendjemand wiederholt, zwischen einer Stunde und der nächsten, unsterbliche Verse, rezitiert sie leise. Von einer Seite erreichen uns die fröhlichen Stimmen der Kinder eines Kindergartens: glücklich jene, die in diesem harmonischen Arkadien aufwachsen.

Auf keinem anderen Platz in Rom wirkt das Leben so ausgeglichen: Jugendliche, Poeten und Kinder sind die Bewohner eines Traums, den niemand zu stören wagt.

Rom ist eine Stadt, die nichts verkommen lässt: Die Epochen, die Jahrhunderte, die Jahre, die Tage stapeln sich, und vielleicht geht nicht einmal eine Minute der vergangenen Zeit wirklich verloren. Tatsächlich gibt es da das klassische und das mittelalterliche Rom, das Quattrocento und die Renaissance, den Barock und das Settecento, das Rom der Päpste und das der umbertinischen Könige, das faschistische Rom und das des Nachkriegs, den Wirtschaftsaufschwung und die bleiernen Jahre, die frivolen Jahre und das neue Jahrtausend, gestern und heute: Im peinlich genau geführten Katalog fehlt nichts, Marmor und gelbe Blätter sind der Erinnerung der Stadt in gleicher Weise eingeschrieben.

Und so zieht es mich, wenn ich eine Stunde frei habe, oft an einen Ort zurück, der aus dem Kalender der Sechzigerjahre geglitten sein muss. In der Via degli Zigoli, die dann zur Via Giglioli wird, folgen die Wohnblöcke aufeinander wie in jeder anderen Straße an der Peripherie, aber dann, ganz plötzlich, ist da ein Theatervorhang aus römischen Pinien, ein Tor, das immer offen steht, eine weiße Straße, die sich sanft der Zeit der Kindheit nähert.

Und mit einem Schlag sind wir in der Campagna. Rundum stehen die hohen und mächtigen Wohnhäuser von Torre Maura, aber es ist, als würden sie sich auflösen, stumm und diskret, und ich spaziere in der Erinnerung, sehr lebendig, frisch und wohlriechend. Obstbäume, Reihen von Tomatenpflanzen und Blumenkohl und Bohnen, ein kleiner Pflug, Olivenbäume, aufgelockerte und feste Erde und ein Stückchen entfernt ein bellender Hund an der Kette, und noch weiter oben ein heruntergekommener Bauernhof, der aussieht wie in Cinecittà entworfen. Eine Schar Sperlinge fliegt auf, und es kommt mir vor, als könnten aus den Tomatenbeeten Luigino, Attilio und Maria Grazia auftauchen, und alle Kinder, mit denen ich auf dem Lande spielte, als ich klein war.

Aber plötzlich fährt auf der Straße ein Lastwagen vorüber, irgendjemand schreit, und die Zeit der Pause und des Trugbilds ist vorbei. Wir sind in einer anderen Zeit: Ich verlasse die Sechzigerjahre, kehre zu meinem Arbeitstag zurück, ins Chaos, ins Leben, das mich erwartet und das ich mir erwarte.

Man weiß, wie sich das Leben vor den Ampeln abspielt, die Qual der Minute, die es abzuwarten gilt. Vielleicht haben wir dem ja bereits eine Spende gegeben, der gerade unsere Scheiben geputzt hat, und schon müssen wir uns auf die nächsten Unglücklichen vorbereiten, die wiederum alles sauber machen möchten: Auf die kleine Romni, im Arm das immer schlafende Kind, auf den Invaliden, der auf seinen Krücken herumhüpft, auf den Alkoholisierten, der mit stumpfem Blick und geöffneter Hand herumzieht. Wir fühlen uns schuldig für unseren bescheidenen Wohlstand, weil wir eine halbwegs gute Arbeit haben und leidlich gesund sind, und weil wir nicht vor jeder Ampel, die auf Rot steht, Kleingeld verteilen können. Eine heikle Situation also, weil wir in Erwartung von Wundertaten angehalten wurden und nicht wissen, was tun, und bloß hoffen, dass die Ampel bald auf Grün springt.

Aber seit kurzem gibt es eine schöne Neuerung, die diese Pausen viel angenehmer machen könnte. An der Kreuzung zwischen dem Lungotevere und der Via Mazzini, aber auch an der zwischen der Nomentana und der Via Asmara und jener auf der Salaria sind an den Wochenenden, wenn sich sogar die Bettler zurückziehen, die Gaukler aufgetaucht: einige ganz normal gekleidet, andere im Clownkostüm mit übergroßen Schuhen und Hosenträgern von Grock*, bunten Haaren und einer Blume im Knopfloch, aus der Wasser spritzt. Kaum springt die Ampel auf Rot, sind sie schon vom Gehsteig herunter und jonglieren Kegel oder Reifen und gehen unter den verblüfften Blicken der wartenden Fahrer zwischen den Autos hin und her.

Der Clown im Gang der Kinderstation des Krankenhauses ist eine großartige therapeutische Entdeckung: Die Anspannung nimmt ab, die Traurigkeit lässt dem Lächeln den Vortritt, und vielleicht macht auch die Krankheit Platz für die Hoffnung. Vielleicht geschieht etwas Ähnliches in den Köpfen und den Körpern der Autofahrer, gelähmt von Wut, bis an den Hals voll der negativen Empfindungen, bereit für Schmähung und Streit.

Es ist ein Schauspiel mit Nichts – drei Kegel, die in der Luft kreisen, ein komisches Männchen, das der Absurdität der Welt ins Gesicht lacht –, aber es ist in allem ein schönes Schauspiel: ein ganz kleiner Zirkus, der Gedanken und Stimmung aufhellt.

Wir sind moderne Menschen, Menschen des Supermarktes. Zwischen dem Brummen der Gefrierschränke und dem grellen Licht der Neonlampen schieben wir unseren Einkaufswagen und beladen ihn mit Spezialangeboten zu einem Euro, fünf Säckchen Ravioli zum Preis von vier, dreihundert Gramm Lachs, der weniger kostet als das Brot. Schließlich leeren wir alles auf das Förderband, und ohne der Kassiererin überhaupt ins Gesicht zu schauen, zahlen wir, verstauen alles, verlassen den Supermarkt. Wir sind effizient und anonym.

Aber manchmal kommt es vor, dass man Sehnsucht nach einem wirklichen Markt hat, einem von denen, die wirken wie eine Explosion aus Farben und aus Stimmen, wo jeder Mensch einen Namen hat und jeder Apfel ein Apfel ist. In solch einem Fall sollte man dem Markt von Val Melaina einen kurzen Besuch abstatten, dem preisgünstigsten und lustigsten Markt von ganz Rom. »Comprate donne, comprate, è tutta roba fresca, roba che respira ancora!«*, ruft ein Obstverkäufer. Und ein anderer wird noch lauter, um die Unentschiedenen zu überzeugen: »Me vojo rovinà, me vojo buttà via, io ve regalo tutto, questi nun so' prezzi, so' meno de gnente!«*

Man erledigt seinen Einkauf, und ein paar fröhliche Stunden vergehen in der Hoffnung, dass dieser märchenhafte Markt nicht anderswohin gebracht wird, um Platz für Bauvorhaben zu schaffen. Ladentische mit Gemüse und mit Spielzeug, ein Schuhflicker, zwei Fischhändler, Metzger und Delikatessenhändler, ein bisschen was von allem, und doch auch gut. Schlussendlich kaufen wir, was wir brauchen, vor allem aber erheitern wir unsere Gemüter, als wären wir im Theater, und beobachten Verhandlungen, die wie fürs Theater ausgedacht scheinen: »Te posso da' tre euro«, »None, ne vojo cinque«, »Vabbè, allora famo quattro«, »D'accordo, è la matematica che lo pretende.«*

Und dann gibt es auch noch die, die mit zwei Knoblauchzöpfen oder mit vier Feuerzeugen zwischen den Fingern vorbeikommen, ihrer ganzen Ware, und du verstehst nicht, wie sie in diesen erbarmungslosen Zeiten überleben. Wir sparen also Geld, im Val Melaina, und das Leben wird ein ganz klein wenig reicher.

»›Allora, mi racconti?‹ ›Questo è il terzo lampione di fronte all'altro ponte ... La vedi questa qui intorno?‹ ›Si ... mi sa che qualcuno si è sbagliato a legare il motorino ...‹ ›Macché, scemo. Si chiama ›la catena degli innamorati‹. Si mette un lucchetto intorno a questa catena, lo si chiude e si butta la chiave nel Tevere.‹ ›E poi?‹ ›Non ci si lascia piú.‹«*

Dieses schlagfertige Wortgefecht aus Federico Moccias zweitem Roman *Ho voglia di te** löste aus, was man dann Jahre hindurch an der Ponte Milvio sehen konnte: eine Laterne, komplett überzogen von Ketten und Schlössern, auf denen die Namen jener standen, die einander ewige Liebe geschworen hatten. Das Ganze sah aus wie ein metallener Weihnachtsbaum, ein Kegel aus glänzendem Eisen, teilweise schon rostig, zum unbeständigen Himmel der Treue gereckt. Eine grundlegende Zeremonie in jeder Liebesgeschichte unter Jugendlichen, die hofften, dadurch einen glücklichen Augenblick gefangen zu nehmen, ihn für immer festzuhalten.

Aber 2012 wurden diese Liebesschlösser entfernt und ruhen nun irgendwo als unbrauchbarer Schrott. Wenn ich ehrlich sein will, dann hat mich diese radikale Sühne ein wenig traurig gemacht. Ich verstehe die Überlegungen von dem, der hier Hand an die Schneidezange gelegt hat: Man kann die älteste Brücke Roms nicht mit Tonnen von Scheußlichkeiten bedecken, man muss die Halbwüchsigen zu Respekt erziehen, zur Kultur, zum guten Geschmack, man darf die Schönheit nicht der Gewalt der Barbarei überlassen, es tut not, den zurechtzuweisen, der das Kulturgut unseres Landes schmäht.

Ich wiederhole: Ich verstehe das, die rationale Seite in mir lauscht und nickt zustimmend. Aber irgendetwas anderes in mir, eine unruhige Jugend, ein Verliebtsein wie auf dem Gymnasium, wie in einer Canzonetta oder nach einem Ausflug ans Meer, eine Sehnsucht, chronisches Misstrauen gegenüber den Erwachsenen, ich wüsste es nicht genau zu benennen, aber irgendetwas drängt mich, der Schar der enttäuschten Schlösserfreunde beizustehen.

Ich habe den Erzählungen vieler Mädchen gelauscht, die mit ihrem Freund zur Ponte Milvio unterwegs waren, ihr Schloss anzuhängen und den Schlüssel wegzuwerfen; für sie war das ein wundervolles Ritual auf dem Altar der Brücke, eine Hochzeitsreise in der Großstadt, das außergewöhnlichste Abenteuer des Lebens. Wie die Münzen in der Fontana di Trevi waren die Schlösser zum spontanen Ausdruck eines Gefühls geworden, der Knoten, an dem sich Leidenschaften und Hoffnungen miteinander verflochten. Deshalb bin ich mir sicher, dass die Verliebten früher oder später mit einem Schwur im Herzen und einem Schloss in der Hosentasche zur Ponte Milvio zurückkehren werden.

Der Feigenbaum ist der Baum des Überflusses, der Baum des Hochsommers, sinnlich, golden: Man sagt, dass Romulus und Remus unter seinen biegsamen Ästen geboren wurden, ebenso wie auf der anderen Seite der Welt Visnu. Seine Blätter wurden von den Auguren zur Deutung der Zukunft gelesen, seine Früchte haben uns einen unvergleichlichen Genuss verschafft. Die Römer haben diesem Baum einen kleinen Platz gewidmet, der imstande ist, in einem schmalen Spalt auszutreiben und hochzuwachsen, zwischen ein paar Steinen, an einer dafür vollkommen ungeeigneten Ecke. Dieser unser Feigenbaum steht noch immer hier, Herr über einen Platz, der für Jahre das Zentrum der Movida war und jetzt abgestorben ist.

Zwischen der Bar della Pace und der Bar del Fico, in fünfzig Metern Abstand voneinander, schwärmten die Allerschönsten Roms aus, die Nachtgewächse, die Künstler und die Freunde der Filmemacher, die Kinder der Dunkelheit. Die Bar del Fico hat dicht gemacht, weil der altersschwache Palazzo, in dem sie untergebracht war, sich in eine Art von unendlicher Baustelle verwandelt hat. Und so ist der Platz heute verwaist: Man geht vorbei, bleibt nicht stehen. Viele Läden haben geschlossen, das Leben ist anderswo hingezogen.

Der Baum aber beschützt nach wie vor diesen eingezwängten Raum wie eine Leere im Tumult. Nur die Schachspieler kehren zurück, um unter seinen nackten Zweigen zu spielen, vor den heruntergezogenen Rollläden. Gegen elf Uhr vormittags stellen die Anhänger von Kasparow und Fischer ihr Schachbrett auf, ordnen die weißen und die schwarzen Figuren und beginnen mit der Partie. Eine kleine Schar Schachbegeisterter verfolgt das Spiel, einer schlägt eine Rochade vor, eine Verteidigung, einen Angriff, und auch der Feigenbaum scheint von oben ein Auge auf das Geschehen zu werfen, sich hinunterzuneigen, das Spiel zu beschützen.

Wo Lärm war, Gelächter, Trinksprüche, ist jetzt Stille, Konzentration, Intelligenz bei der Sache. Der Feigenbaum beobachtet die Zeit, die vergeht, das Leben, das sich verändert: Nun folgt der Winter des Schachspiels, und dann hofft er auf den Sommer der Liebe.

Die Bar war in Rom immer das Zentrum des demokratischen Lebens: Man betritt sie, um einen Kaffee zu trinken, und schon diskutiert man über den *Dialog über die zwei Weltsysteme**, über Politik oder aber über Aufstellungen im Fußball. Zwischen Unbekannten bildet sich sofort eine Vertrautheit, ein gemeinsames Terrain, um zu debattieren, sich gegenseitig zu messen, einander zu veralbern.

Die Bar war auch ein Tempel des spielerischen Geistes, und ihr leuchtender Altar war bis vor zwanzig Jahren der Flipperautomat. Da gab es den, der spielte, und den, der ihm zusah, den Champion und das Greenhorn, das aufeinander eingespielte Paar und den Unglücksbringer, der die Resultate auf einem Blatt Papier festhielt und der sagte: »'St'accrocco fa troppa caciara, era mejo quanno se giocava a tresette!«*

Jetzt ist der Flipper ein Stück fürs moderne Antiquariat, er hält die Stellung in einigen Bars wie die Fotografie von Pertini* oder eine etruskische Amphore. An seiner Stelle sind die Spielautomaten aufgetaucht, an der hintersten Wand nebeneinander aufgestellt, Behausung und Büro für ein Volk von Verzweifelten, die mit keinem reden, keine Scherze machen, nicht lästern, keine sofortigen Lösungen anbieten, um der Krise zu entkommen. Sie stehen gebeugt und werfen Münzen ein: Vor ihnen dreht sich die Rolle der Pflaumen und der Kirschen, dreht sich und erdrückt sie.

Von Zeit zu Zeit lösen sie sich von dem Monster, gehen an die Kasse und murmeln, einen Geldschein in der Hand: »Wechsle mir nochmal zwanzig Euro.« Sie haben nicht die geringste Hoffnung zu siegen, weil die Automaten darauf geeicht sind, nur eine kleine Summe dessen zu verteilen, was sie verschlucken. Die Niederlage für diese Pensionisten, Arbeitslosen, Opfer der Spielautomaten ist also garantiert. Und in schlimmen Zeiten, in denen jeder Euro wertvoll ist, tut es einem weh, in den Bars so viele Menschen zu sehen, die sich ausbeuten und demütigen lassen. Eben deshalb würde ich fordern, all diese trostlosen und grausamen Automaten aus den Bars zu entfernen. Stellen wir die Flipper wieder auf, schwatzen wir dabei, halten wir uns bei Laune und knacken wir den Rekord des Monats.

Heute erneuern sich die Lokale in einer Form von Verschönerungssucht à la Riviera romagnola*: Alle zwei Jahre tauschen sie Stühle und Bänke aus, den Tresen und die Beleuchtung, oft wechseln sie auch den Namen, um anzukündigen, dass man nach wie vor mit ihnen rechnen muss. Es genügt, um Ponte Milvio, Testaccio und Pantheon herumzustreifen, um festzustellen, wie der brandneue Slogan lautet: Erfinde dich neu oder stirb. Auch die Barkeeper, die Mädchen, die an den Tischen servieren, alle, die der Unterhaltung dienen, wechseln rasch: Es ist ein Karussell von Jugendlichen, die kommen und gehen, um etwas Geld zu machen, alle tragen sie ein Staff-T-Shirt, lächelnd und neurotisch wie die Gäste. Es ist das die kleine Industrie der Vergnügungen, die immer noch gut funktioniert, zumindest solange die Jugendlichen lächerlich schlecht bezahlt sind und dadurch davon abgehalten werden, an das Notwendige zu denken – Wohnung, Kinder, Rechnungen –, was es ihnen aber erlaubt, sich fröhlich dem Überflüssigen zu widmen – einem Bierchen, einem Joint, dem Rock 'n' Roll.

In Rom gibt es nur einen Ort, der in seiner Unbeweglichkeit gefesselt ist, ein zeitloser Mythos, ein Uhrzeiger, ein Leben lang festgehalten, der Fixpunkt im Zentrum des Wirbels. Es ist die Rede von der legendären Bar di Vicolo del Gallo, zwischen Campo de' Fiori und der Piazza Farnese, die sich selbst treu geblieben ist, solange die Erinnerung der Römer zurückreicht.

An den Wänden hängen Plakate der Fußballweltmeisterschaft von 1990, des Karnevals von 1982, von Theatergruppen, die es seit Jahrzehnten nicht mehr gibt. In der Mitte steht ein Flipperautomat, eine Art Katafalk, wenig beleuchtet und mit wenig Musik, ein Sarkophag der Moderne. Hier sind die Jungen der 68er vorbeigekommen, der 77er, mit Parkas und peruanischen Pullovern, mancher Hippie der Achtzigerjahre, international oder auch nicht, Studenten, Arbeiter und Nichtstuer von vorgestern, gestern und von heute. Hier wirkt alles unsterblich, auch die alten Besitzer. Hier lacht Rom über die Zeit, die atemlos dahinrast.

Es ist eine schöne Reise, aus dem Zentrum bis zur Ponte di Nona, Kilometer an Straßen und Gedanken, die zu durchlaufen absolut der Mühe wert ist. Man ist kein Römer, wenn man dem unaufhörlichen Aufschwung der Stadt nicht folgt, manchmal notwendig, manchmal monströs: Man muss die neuen Viertel besuchen, verstehen, wie die neuen Bewohner leben, wie sie nicht leben.

Ponte di Nona ist ganz rasch gewachsen: Jetzt dehnt es sich ziellos aus zwischen der Prenestina und der Collatina und ist der Resonanzboden des großen Einkaufszentrums von Lunghezza. Hier treffen sich die jungen Paare, Mütter, die ihre Kinderwagen schieben, mancher Alte im Trainingsanzug, der allein spazieren geht. Es herrscht Schweigen, in manchen Stunden wirkt alles wie ein verlassenes Viertel, ein Viertel, in das die Leute nur kommen, um dort zu schlafen. Rundherum hält das Grün stand, aber die Häuser sind schon daran, es nach und nach zu verschlucken.

Wie überall gibt es auch hier einiges zu sehen und zu lernen. Es gibt vieles, über das man sich wundert und über das man lächelt, wie das oft in Rom geschieht. Wenn etwa ein Straßenschild mit der schön aufgemalten Aufschrift »Via mejo de gnente«* verbogen und mit Steinwürfen bedacht wurde. Die Straße war eine Art Maultierpfad, der zwei Hügel miteinander verband, eine abgenutzte kleine Straße, die sich halsbrecherisch in die Tiefe stürzte und dann außer Atem wieder aufstieg. Sie war der einzige Durchgang, eben *mejo de gnente*, und so wurde sie auch getauft. Offensichtlich hat aber die etwas resignierte Aufforderung, auf weiter nichts mehr zu hoffen, manchen Bewohner der Zone erzürnt, der immer noch hoch hinauswollte oder sich zumindest Straßen und bessere Verbindungen wünschte und der dann an dem Pfahl und auf der Tafel seiner Wut freien Lauf ließ. Das ist ein Stück Stadtgeschichte in dieser kleinen Straße, die die großen Wohnblocks miteinander verbindet und an einem Stall mit Schafen vorbeiführt: die Phantasie und die Realität, das Lachen und der Überdruss und eine Zukunft, die immer unsicherer wird.

»Ma l'America è lontana, dall'altra parte della luna«* sang Lucio Dalla* in einem seiner schönsten Songs, *Anna e Marco*, zwei junge Leute aus der Peripherie, die davon träumten, wegzuziehen und die vielleicht immer hiergeblieben sind. Andererseits ist Amerika seit vielen Jahrzehnten in unserem Leben angekommen, es ist gar nicht mehr nötig, es jenseits des Ozeans zu suchen: Wir essen bei McDonald's und sehen uns die Hollywoodschinken an, werfen so beiläufig ein englisches Wort in die Unterhaltung, oft das falsche, schauen MTV und setzen unsere Hoffnung in Obama. Und manchmal sieht es wirklich so aus, als habe sich ein Fragment der Staaten vorgenommen, Teil der Landschaft zu sein, neben den Resten des alten Rom und der barocken Kirchen, zwischen einem Kapitell und einer Kuppel.

Das deutlichste Beispiel ist die gigantische Abfahrtsrampe der Ponte Lanciani, die sich, nach vielen Jahren der Bagger und der Kräne, der Laster und der dicken Staubwolken, in ihrer ganzen zeitgenössischen Schönheit zeigt. Sogar eine Autobahnabfahrt kann unsere Gedanken beflügeln, als hätten alle diese ineinander verflochtenen Straßen, diese Blume aus Asphalt, die sich zu vielen grauen Blumenblättern öffnet, die Kraft, nicht nur die Autos perfekt zu arrangieren, sondern uns auch träumen zu lassen.

Wenn wir die Via dei Monti Tiburtini herunterfahren, lassen wir rechts und links abgezirkelte Stücke städtischer Campagna hinter uns. Dann zwei große Tankstellen, die wie Bahnwärterhäuschen an der Schwelle in die schnelle Zukunft stehen, und plötzlich breitet sich vor den Augen und den Rädern ein Panorama aus, das wie Los Angeles oder Chicago anmutet, das in der Sonne der Modernität glänzt.

Von da und dort bieten sich tausend Möglichkeiten, die Pfeile zeigen Abzweigungen zur Nomentana oder zur Prenestina an, zur Station Tiburtina oder Pietralata, tausend Möglichkeiten also, die sich ineinander verflechten oder teilen, neue Strecken, die in Richtung Tunnel aufsteigen oder abwärts fahren. Es ist ein Fächer, der sich aufklappt, ein kleines und großes Meisterstück der Ingenieurskunst. Im Grunde waren wir Italiener immer Meister in dieser Zunft: Von der Appia Antica bis heute waren wir es, die die Straßen gebaut haben!

Vielleicht gibt es die Straße der zufälligen Begegnungen nicht mehr, die der ungeplanten Reisc, der tausend Erfahrungen, die vorwärts treiben: Wir sprechen natürlich von Kerouacs *On the Road*. Die Straße, an der man wie im Fluge vorbeizieht, die Straße der zustande gebrachten Werke und die der verlorenen, die Straße vom Staub und dem heißen Wind, der von den vorbeifahrenden Lastern aufsteigt. Die Straße, auf der immer jemand Halt machte, um einen Jungen mitzunehmen, der die Welt und sich selbst kennenlernen wollte. Diese Geschichten scheinen zu Ende zu sein, sie liegen so weit zurück wie die *Odyssee* oder *Gullivers Reisen*.

Vielleicht schreibt heute niemand besser als Cormac McCarthy über die Wahrnehmung der Straße: ein verbrannter Streifen mitten in der Apokalypse, ein schwarzer Faden, der sich zwischen Trostlosigkeit und Angst aufrollt. Die Leute empfinden die Straße nicht mehr als Versprechen fürs Glücklichsein, sondern als Bedrohung. Sicher, beim Glück geht es nicht darum, den scheußlichen Kannibalen auszuweichen, von McCarthy zum Fürchten gut beschrieben, aber in der Phantasie droht die Gefahr immer und überall, und niemand würde es mehr riskieren, per Anhalter zu fahren, niemand würde mehr anhalten, um einen Unbekannten zusteigen zu lassen.

Und doch wacht die *Madonna della Strada* über alle, und vielleicht könnten wir – Gläubige oder Nichtgläubige – eines Tages in die Chiesa del Gesú eintreten und ein sentimentales Kerzlein vor dem heiligen Bild entzünden, das seit langem mütterlich über den wacht, der sich auf die Straßen Roms und auf jeden Platz der Welt wagt.

Wir haben das Bedürfnis, an bessere Straßen zu glauben, die uns an besseren Tagen an bessere Plätze bringen als die bisherigen. Und vielleicht ist es kein Zufall, dass die *Madonna della Strada* zur Beschützerin der römischen Müllmänner gewählt wurde: Sie wissen, dass der Mist fortgeschafft werden muss, bevor es spät wird, bevor der Ekel uns daran hindert, zu gehen.

Manchmal sieht es so aus, als bewegten die spektakulärsten kleinen Madonnenstatuen die Augen, um einen Blick auf den zu werfen, der vorübergeht, um zu beweisen, dass sie mehr sind als kleine Bildchen von wenig Wert, die an den Straßenecken hängen, dass sie fleißig ihre Vermittlerarbeit zwischen Himmel und Erde weiterführen. Das sind die kleinen Märchen, an die vielleicht nie jemand wirklich geglaubt hat, die aber niemand missen möchte, weil wir doch alle den Wunsch haben, verstanden und beschützt zu werden. In einer Bestandsaufnahme von 1853 hat man mehr als siebenhundert dieser heiligen Bilder gezählt, die in halber Höhe schweben: Ihr Ursprung ist ländlicher Natur, sie wurden aus Angst vor dem Gewitter und der Dürre geboren, aus bäuerlicher Frömmigkeit. Die kleine Madonna stand an der Mauer des Hauses, um Unglücksfälle fernzuhalten. Dann haben sie in Rom Einzug gehalten, und auch die berühmtesten und stolzesten Paläste widmeten dieser marienhaften Sittsamkeit eine Ecke.

Und wenn heute jemand in den Straßen des Zentrums spazieren geht, oder auf der Prenestina und der Tiburtina, kann er, wenn er plötzlich die Augen hebt, dem von Regen und Sonne verblichenen Blick einer dieser zeitlosen Figuren begegnen. Einige sind ganz besonders schön, etwa die an der Piazza dell'Orologio, eingefasst von einem barocken Rahmen, oder die auf der Piazza del Pantheon, immer noch frisch in ihren Farben. Und jeder Römer hat vielleicht seine bevorzugte kleine Madonna, an die er Worte des Dankes richtet oder einen Vorwurf, je nachdem, wie die Ernte des Jahres ausgefallen ist.

Meine bevorzugte Madonna befindet sich auf der Salita di San Sebastianello, diesem steilen atemraubenden Aufgang, der jeden, der auf den Pincio gelangen will, zu einer schonenden Pause der Reflexion zwingt. Es ist ein elegantes marmornes Relief aus dem 18. Jahrhundert, eine Komposition von guter künstlerischer Qualität, auf ein römisches Kapitell aufgesetzt. »Lass mich wenigstens oben ankommen, der ich schwere Beine und einen kurzen Atem habe. Und wenn wir schon dabei sind, verhilf mir zu ein bisschen mehr Geld, und zu ein wenig mehr Kraft, um nicht ins Misstrauen zurückzufallen.« Sie hat den starren Blick des Marmors, sie kann nicht sehr viel tun, aber das Kindlein, das sie im Arm hält, hat die Hand erhoben und scheint zu sagen: »Geh, weil du auf dem rechten Weg bist, vielleicht.«

Die Literaturkritiker definieren mit dem Fachausdruck *Bildungsroman* das, was vielleicht einfacher als »Roman der Bildung« bezeichnet werden kann. Es handelt sich um Geschichten, die den anstrengenden Übergang von der Jugend zur Reife erzählen, die in die Seele eines jungen Mannes einzudringen versuchen, der damit beschäftigt ist, sich zwischen vielen Erfahrungen und vielen neuen Gedanken eine Identität zu schaffen. *Lehrjahre des Gefühls* und *Die Verwirrungen des Zöglings Törleß* sind Bücher, die mehr oder minder unter diese Kategorie fallen. Aber im Grunde könnte jeder von diesen entrückten und poetischen Zuständen erzählen, in denen alles geschieht und sich verändert, die entscheidenden Momente, die um das zwanzigste Lebensjahr ein Schicksal bestimmen. Wir Römer haben einen gemeinsamen symbolischen Ort, der uns im Nu erklärt, wer wir sind und was wir wollen.

Ich spreche vom Sprungturm im Kursaal, der 1950 von dem Architekten Attilio Lapadula* entworfen und unter dem mythischen Ingenieur Pier Luigi Nervi in Beton errichtet wurde. Dort oben, in einem Juli oder August der Sechziger- oder Siebzigerjahre, haben wir begriffen, aus welchem Holz wir gemacht sind. Wir sind bis zum Dreimeterbrett gestiegen und haben uns ohne zu Zögern in das Schwimmbecken gestürzt, auch vom Fünfmeterbrett haben wir uns produziert, allerdings schon mit ein klein wenig Angst. Dann aber sind wir auf das höchste Plateau des spektakulären Turmes gestiegen: Wir haben uns in zehn Metern Höhe präsentiert, das Schwimmbecken schien eine blaue Briefmarke, und von unten spornten uns die Freunde und die kleine

Freundin an, doch zu springen. Manch einer hatte den Mut, sich mit einem Kopfsprung oder im Engelsflug oder in Form einer Kerze ins Wasser zu stürzen. Ein anderer hat gezögert, hat Ja gesagt, hat Nein gesagt, hat sich vom höchsten Plateau vorgestreckt, ist ein Stück zurückgetreten und schließlich ganz traurig die Leiter wieder hinuntergestiegen. Das war ein unvergesslicher Tag, ein Sieg oder eine Niederlage, die wir heute noch immer mit uns tragen, selbst wenn es diesen Sprungturm gar nicht mehr gibt und er durch einen schöneren ersetzt wurde, aus mit Holzlamellen besetztem Inox-Stahl, entworfen vom Ingenieur Papagni.

Andere Knaben steigen hinauf, segeln wie Helden oder steigen mit eingezogenem Schwanz wieder hinunter, und entdecken so ihre mysteriöse Natur.

Das Kolosseum, der Circus Maximus, die Kuppel von Sankt Peter, die Sixtinische Kapelle, die Fontana dei Quattro Fiumi: das alles sind imposante Werke, dazu bestimmt, die Macht einer Stadt zu repräsentieren, die für viele immer noch *caput mundi* ist. Aber zum Glück gibt es auch welche, die von der Zerbrechlichkeit berichten, von der Mühsal, dem täglichen Kampf ums Überleben: zum Beispiel die *Barcaccia* auf der Piazza di Spagna, auf Wunsch von Papst Urban VIII. zwischen 1626 und 1629 von Pietro Bernini*, dem Vater des großen Gian Lorenzo, verwirklicht.

Sooft ich innehalte, sie zu betrachten, kommt es mir so vor, als würde ich vor dem Symbol unserer Unzulänglichkeit und dem Willen, immer und überall Widerstand zu leisten, stehen. Sie ist keine Galeone, die mit gestrafften Segeln den Ozean durchfurcht, ja noch nicht einmal ein Schiff, das Kurs auf die Schatzinsel hält: Sie ist ganz einfach ein Nachen, der von allen Seiten Wasser einlässt, sie wirkt, als würde sie von einem Augenblick zum nächsten im seichten Meer des Straßenpflasters versinken, hundert Meter von einem unsichtbaren Ufer entfernt.

Pietro Bernini wurde gezwungen, sie unter dem Niveau des Platzes einzuplanen, damit die Quelle des Acqua Vergine sie speisen könne, und er zeichnete sie wirklich als Nachen, ständig vom Untergang bedroht, das Meer bereits an Bord, Bug wie Heck identisch, wie um in eine verworrene Richtung zu weisen. Zwei Wasserrohre spucken aus, was sie können, und die *Barcaccia* wird nie leer, sie ist ständig in Gefahr unterzugehen: Aber sie geht nicht unter, weder neigt sie sich noch verlässt sie uns.

In Zeiten schwerer Krisen wie dieser beschreibt die *Fontana della Barcaccia* ganz gut unsere Verfassung. Wir spüren oft das Wasser bis an den Hals, wir wissen nicht, wohin gehen, was tun, wir versuchen lediglich, uns mit allen Kräften über Wasser zu halten, in der Hoffnung, dass das Gewitter vorüberzieht. Man hätte das Profil dieser *Barcaccia* irgendeiner Münze einprägen müssen, um uns daran zu erinnern – wenn es denn einmal notwendig würde –, wie hart das Leben ist, jetzt und vielleicht immer, und dass man den Mut nicht verlieren soll. Wenn die *Barcaccia* hier seit vierhundert Jahren unverändert Kurs hält, müssen auch wir das tun, ob nun das Wetter schlecht oder ob Wasser im Kielraum ist.

Ein griechischer Mythos erzählt von der unendlichen Liebe, die Klytia, die Tochter des Okeanos, für den Gott Apoll empfand, den sie in seinem Lichtwagen am Himmel vorüberziehen sah, und die auch nicht von dieser Bewunderung abließ. Er war es, der von dieser übertriebenen Anhimmelei genug hatte, und deshalb verwandelte er Klytia in eine Blume. Aber auch verwandelt hörte Klytia nicht auf, den Blick unverändert auf die Schönheit und auf das flüchtige Licht des Geliebten zu richten: Sie war eine Sonnenblume.

Vielleicht ist es kein Zufall, dass das einzige Restaurant in Rom, das von einer Kooperative geleitet wird, die viele junge Leute mit

Down-Syndrom betreut, sich eben diesen Namen ausgesucht hat: *La Locanda dei Girasoli*, das Gasthaus der Sonnenblumen. Auch im Unglück möchte man sich doch immer an die Schönheit des Lebens wenden, an seine glänzenden Wunder.

Ich rate allen, dieses außergewöhnliche Lokal in der Via dei Sulpici 117 im Quadraroviertel für ein Abendessen zu besuchen. Hier haben die Straßen den Raum gefunden, den die fieberhafte Bautätigkeit der Fünfzigerjahre zurückgelassen hatte: schiefe Winkel, ein Labyrinth der Verwirrungen.

Bis wir endlich den Wagen geparkt und Platz genommen haben, erscheint es uns ganz einleuchtend, dass wir hier auf besondere Art zusammen sind, ohne fernsehhafte Scheinheiligkeit, ohne falsche Tränen. Die jungen Leute mit Down-Syndrom sind gute und flinke Kellner, und dazu haben sie ein Lächeln, das einen sofort erobert, eine ansteckende Fröhlichkeit. Viele Leute halten einen Abend in einer Trattoria für einen Augenblick des Vergnügens, und ich garantiere, dass man sich in der Locanda dei Girasoli der Besonderheit der Situation gar nicht bewusst wird. Alles erscheint normal, im Gegenteil, besser als normal: Man isst gut und entspannt sich in einem Ambiente, das die Welt zu schaffen nicht imstande ist, ein Ort, wo jeder seine Rolle spielt und wo Unterschiede fröhlich zusammenleben.

So sollte die Welt sein, ohne Barrieren, ohne Benachteiligung einzelner. Die Sonnenblumen folgen der Liebe und der Schönheit, wir speisen auf diesem warmen und gelben Feld, und für einen Moment denken wir, dass auf alles Leben das gleiche Licht fällt, der gleiche Schatten.

Auch im Hochsommer scheint Rom immer noch gedrängt voll. Deshalb ist es wohltuend, die Stadt an irgendeinem Morgen hinter sich zu lassen und in Richtung Frascati oder vielleicht noch eine Spur höher, Richtung Tuscolo zu fahren. Die Straße spult sich freundlich zwischen den Eichen und den Kastanienbäumen ab, die Luft wird frischer, der Geist wird ruhig. Es ist eine Reise von wenigen Kilometern, aber sie bringt uns weit fort, zu den Resten einer mythischen Stadt, die der Legende nach von Telegonos, dem Sohn des Odysseus und der Zauberin Kirke, gegründet wurde. Das kleine und wunderschöne römische Theater wird gerade restauriert.

Vor fünfundzwanzig Jahren aber war es geöffnet und bereit, einen Sommernachtstraum aufzunehmen. Eines Nachts haben wir es uns dort bequem gemacht, all die jungen Dichter der Stadt, die Malerfreunde, die Philosophen und die Komödianten, und haben unsere ersten Gedichte vorgelesen, in der Mitte, mit einer Taschenlampe, um die Manuskriptseiten zu beleuchten und mit einer Stimme, die sich kräftig oder schüchtern in Richtung der steinernen Stufen ausbreitete. Das waren zwei Stunden, die ich nie vergessen werde, vielleicht der letzte Akt einer langen und schwierigen Lehrzeit zur Schönheit und Freundschaft, bevor sich alles ungeordnet in die Welt ergoss.

Der Tuscolo ist ein magischer Ort, ein Ort außerhalb von Zeit und Raum, nicht für touristische Kletterpartien gedacht, auf dem Platz in sechshundert Metern Höhe sind einige Autos geparkt, im Schatten sitzt ein alter Mann auf seinem Stühlchen, das er von zuhause mitgebracht hat, um Kreuzworträtsel zu lösen und die Seele auszuruhen. Ein kleiner Kiosk bietet Panini und Eis und Plastikbälle an.

Von dort oben ist der Ausblick außerordentlich: Auf der einen Seite verliert sich das Auge in Richtung Rom, auf der anderen Seite erblickt es sanfte Hügel, die Molara, Grottaferrata. Unter einer riesenhohen Eiche spielt ein Grüppchen Behinderter mit seinen Begleitern Boccia, auf einem antiken Mäuerchen küssen sich zwei Verlobte. Ein Junge geht vorbei, einen Gedichtband in den Händen: Von Zeit zu Zeit betrachtet er die Landschaft, wie um eine Bestätigung für das zu suchen, was er gelesen hat, einen möglichen Einklang zwischen den Versen und der fernen Realität, einen goldenen Faden, der die Gedanken mit der Welt vereint.

Es gibt den, der in die Berge oder auf ferne Inseln fährt, und den, der in Rom bleibt. Wenn man am späten Nachmittag in den Parks spazieren geht, sieht man viele Paare, die auf einer Bank ihr Lager aufgeschlagen haben.

Da gibt es Mädchen und Knaben, die stundenlang umarmt sitzen, Mädchen, die sich ausstrecken und den Kopf auf seine Knie legen, Paare, die einander lange anschauen. Sie sprechen über ihre Erlebnisse, richten es so ein, dass sie zu einer einzigen Geschichte verschmelzen, sie liebkosen einander, genießen das bisschen Frische, das die Balken der Bank durchlassen.

Und dann sind da die erwachsenen Paare: Die Haare schon grau, sitzen sie ordentlich der eine neben der anderen, er blättert die Zeitung auf, sie eine Illustrierte, manchmal kommentieren sie die Nachrichten, ohne den Kopf zu bewegen. Oder sie teilen sich Kreuzworträtsel: Er hält den Füller, liest die Definitionen, sie schlägt ein Wort vor, und die Stunden bis zum Abend vergehen.

Und schließlich sind da die alten Paare, die anrührendsten. Sie sitzen mit leicht gekrümmtem Rücken und zwischen den Händen halten sie nichts, das sie ablenken könnte: Sie sitzen stundenlang da, ohne ein Wort zu sagen, vielleicht weil schon alles gesagt ist, keine Nachricht aus der Welt kann sie noch entrüsten. Manchmal richtet sie dem Lebensgefährten mit einer langsamen Bewegung den Hemdkragen; manchmal reicht er ihr die Flasche mit dem Wasser. Die Bank ist ihr Sommerfrischehaus, ihre Seelenruhe. Auch wenn sie es könnten, würden sie nicht weg wollen: Sie genügen einander, sie sind ein Leben mit zwei Gesichtern und vier faltigen Händen, wie die Beine einer Schildkröte.

Wer sie beim Vorbeigehen betrachtet, erkennt, dass das Leben lang ist, dass es kurz ist, und dass nur die Liebe es rettet.

Zeit für eine Spritzfahrt ans Meer und ins Grüne für den, der nicht das Glück hat – aber wäre es wirklich Glück? – zehn Urlaubstage in irgendeinem Touristendorf oder in der Gluthitze einer europäischen Stadt zu verbringen. Rom hätte einiges zu bieten: Wir können uns in seinen Straßen und in seinen Winkeln verlieren, im Kühlen einer barocken Kirche, unsere Augen erholen in irgendeinem Museum, in dem wir noch nie gewesen sind.

Aber wer dem Raccordo ausweichen will, sollte die Castelli Romani aufsuchen; die Via dei Laghi erobert in kürzester Zeit Höhen mit Panoramablick bei angenehmen Temperaturen. Gewiss, die Menschen haben viel getan, um die Gegend zu verunstalten, tatsächlich ist es nun so, dass Albano, Ariccia, Genzano und Velletri es riskieren, zu einer einzigen suburbanen Wirklichkeit zu verschmelzen. Aber die Via dei Laghi ist immer noch beinahe intakt, und wer mag, kann nach der Kreuzung in Richtung Nemi den Weg zur Via del Vivaro einschlagen, eine etwa zehn Kilometer lange Straße, wie von einem Aquarellisten des 19. Jahrhunderts gemalt.

Es scheint, als ob diese Landschaft nicht am dritten Millenium teilnimmt, alles wirkt wie wundersamerweise in eine andere Zeit gesperrt: Rechts die ganz besonders grünen Abhänge des Monte Artemisio, dichtes Buschwerk, über dem Falken und Mäusebussarde kreisen, links sind Irland, Schottland, England, auf wenigen Hektar Latium festgehalten. Niedrig gemähte Wiesen, dunkle Büschel von Vegetation, wunderschöne kleine Brücken und Pfade: Das ist das Reich der Pferde und jener, die sie lieben. Wer lernen will, auf dem Rücken eines Ponys zu schaukeln oder auf einem Vollblut zu galoppieren, der muss hierher kommen. Aber auch der, der seine Augen fern vom zementierten Chaos erholen will, raus aus der verrückten Menge, raus aus dem städtischen Durcheinander, der muss kommen, um auf diesen unendlichen Wiesen spazieren zu gehen.

Es kann sogar geschehen, dass man die innere Ruhe findet, zumindest für kurze Zeit, und dass einen seltsame Gedanken überfallen, etwa der Art: »Ich zieh aufs Land ...« Gedanken, die eine Minute anhalten, und dann, Gott sei Dank, erwartet uns doch wieder Rom.

Beim Umherstreifen zwischen den Castelli Romani kann es geschehen, dass man sich plötzlich in Nemi befindet, einer absoluten Perle dieser Gegend. Nicht von ungefähr sind Byron und Goethe, Andersen und Turner, angezogen durch die geheimnisvolle Faszination, hier gelandet. Hier stand der Tempel der Diana, dessen Legende George Frazer* zu seinem Buch *Der goldene Zweig* inspirierte, einem der grundlegenden Bücher der westlichen Kultur. Ich will jetzt aber nicht mit trübsinnigen mythologischen Abschweifungen langweilen, sondern ziehe es vor, auf eine Statue hinzuweisen, die zwar keinen absoluten Wert für die Kunstgeschichte besitzt, dafür aber durch die Wahl des Subjekts verwundert.

Normalerweise werden die hochmütigen Köpfe von Missetätern durch ihre Nachfahren zerstört: Die abstoßenden Büsten von Nero und Hitler, Stalin und Saddam Hussein wurden gnadenlos von ihrem Podest gezerrt. Auf das Böse fällt die *damnatio memoriae* oder, besser gesagt, ein schwerer Schleier aus Verachtung und Schweigen. In Nemi aber findet sich eine freundliche Büste von Caligula*, dem grausamen und verrückten römischen Herrscher, der sein Pferd zum Senator ernannte und mit größtem Vergnügen Feinde und Freunde, Verwandte und Komplizen massakrierte!

Auf dem Nemisee hatte er zwei große Schiffe liegen, auf denen er Isis Opfergaben darbrachte, feierte, prasste, und vielleicht auch seine Schwester Drusilla beschlief. Die Schiffe wurden versenkt, als Caligula 41 n. Chr. von seinen Prätorianern ermordet wurde. Nach verschiedenen Bergungsversuchen wurden sie 1944, zu Kriegszeiten also, endgültig verbrannt.

Aber die Bewohner von Nemi waren Caligula offenbar noch immer gewogen: Sie betrachteten ihn als alten Mitbürger, einen wie sie, der vielleicht den Wein und die Erdbeeren geschätzt hat. Und so haben sie in einer Ecke des schönen Hauptplatzes eine kleine Büste des Monsters aufgestellt, voller römischer *gravitas* und *dignitas*, als wollten sie sagen: Caligula war nicht schlechter als die anderen.

Die Hundstage vernichten uns, die Gedanken zerfallen in der Hitze des Nachmittags, wir empfinden uns als abgestorbenes Fleisch, gerade noch fähig, einen Finger zu rühren, um den Ventilator anzustellen. Manche Supermärkte sind voll mit Leuten, die zwischen dem Eisschrank mit dem Tiefgekühlten und dem mit den Milchprodukten hin- und herwandern, und das bei Polartemperaturen. Die Einkaufszentren sind zur Zuflucht der chronisch Hitzeleidenden geworden, der Allerverschwitztesten, der durch die Gluthitze depressiv Gewordenen.

Wohin könnten wir gehen, um uns für ein paar Stunden eines Julitages zu erfrischen? In die Katakomben! Ich weiß, viele Leute scheuen es, unter die Erde zu steigen, um dunkle, feuchte, tonhaltige Gänge zu durchlaufen, sie fürchten, nie wieder ans Tageslicht zu kommen. Aber wer nicht klaustrophobisch ist, dem rate ich zu einem Besuch der Katakomben der Santa Priscilla auf der Salaria, direkt vor der Villa Ada.

Der Ort trägt den Spitznamen »Die Königin der Katakomben«, weil hier illustre Vertreter des frühen Christentums begraben liegen: Papst Marcellus und Papst Silvester, Praxedis und Pudenziana, Priska und die Söhne der heiligen Felicitas. Es sind dreizehn Kilometer Nischen und Gräber, eine Stadt unter der Stadt.

Aber das Ziel des Besuchs ist ganz klar: Hier kann man die älteste Darstellung der Jungfrau mit dem Kind im Arm bewundern, ein Bild vom Beginn des 3. Jahrhunderts. Sie hat nicht die perfekte Grazie der Madonnen Raffaels oder Bellinis, aber sie ist die erste, und das genügt, uns zu überraschen. In ihrer Nähe befindet sich Balaam, der auf einen Stern im Gewölbe zeigt, weil der Prophet in der Bibel weissagt: »Ein Stern / aufgegangen von Jakob und ein Szepter erhebt sich aus Israel.« Es gibt auch Zweige und Blumen, grün und rot gemalt, man atmet den Odem des Ursprungs, diese Einfachheit, die aus dem Schmerz und dem Glauben geboren wird. Und nachdem wir die erste Madonna der Kunstgeschichte gesehen haben, kehren wir ins Freie zurück: Vielleicht ist schon Abend, die Hitze hat sich gemildert, und alles kommt uns schöner vor.

Apropos Katakomben, in der Basilika, die sich über den Katakomben von San Sebastiano, an der Via Appia Antica erhebt, werden die Reliquien jenes Heiligen verwahrt, der zu den meist dargestellten Märtyrern gehört.

Tausendmal haben wir den Körper dieses Heiligen gesehen, an den Pfahl gebunden, seine trostlose Nacktheit, sein Fleisch, von Pfeilen getroffen, das Antlitz in der Stunde des Abschieds beinahe heiter. Der Mittag ist im Sterben begriffen, das Licht explodiert zum letzten Mal über ihm, die Kraft der Muskeln und des spirituellen Denkens des jungen Soldaten ertragen den Angriff der Pfeile, das grausame Martyrium. Antonello da Messina*, Mantegna*, Botticelli*, Perugino* und Sodoma* haben uns herzzerreißende Darstellungen des armen Sebastian hinterlassen, eines Soldaten an der Spitze einer römischen Legion und von Diokletian in zwei Phasen massakriert: zuerst auf eine Art Nadelkissen reduziert und dann, als er sah, dass Sebastian nicht tot war und noch immer versuchte, seinen ganz besonders heidnischen Kaiser zu bekehren, durch Peitschenhiebe getötet.

Und doch erscheint mir der Sebastian, der ausgestreckt in der Basilika liegt, als der Schönste von allen, auch wenn sein Schöpfer, Giuseppe Giorgetti (mit diesem Namen eines einfachen Angestellten des Ministeriums für Kultur), praktisch unbekannt ist. Im 17. Jahrhundert war er damit beschäftigt, das Haus Barberini zu verschönern, der Familie, die ihn protegierte. Ich bin an die zehn Minuten vor dieser Skulptur stehen geblieben, die, von drei bronzenen Pfeilen durchbohrt, in der Ekstase des Todes nach hinten geneigt liegt, beinahe wie Berninis *Santa Teresa.* Die Statue ist barock und romantisch, zerrissen und harmonisch. In die Katakomben bin ich gar nicht mehr hinuntergestiegen, diese eisige Erschütterung durch den Marmor, dieses Wunder war mir genug.

Seneca vertrat den Standpunkt, dass der Weise mit dem goldenen Besteck isst, als wäre es aus Holz und mit dem aus Holz, als wäre es aus Gold. Man muss sich durch den Reichtum nicht einschüchtern lassen, wir sollen die einfachsten Dinge nicht verachten. Wir sind es, die den Dingen ihren Wert geben, den Situationen, den Menschen; der Adel liegt in den Herzen, nicht in den Dingen, die schön sind und vergänglich, die so viel wiegen, wie wir für sie empfinden.

Ich dachte an die Worte des Stoikers mitten auf dieser Kreuzung zwischen Via degli Equi und Via dei Volsci, der Straße der Autonomen. Die Mauern der Straße sind von Murales bedeckt, die an Carlo Giuliani*, an die Arditi del Popolo* von 1921 erinnern, an die römischen Partisanen, an die Namen von Kämpfern, die in diesen Jahren gestorben sind und nie vergessen wurden. Mitten auf dieser Kreuzung aber steht ein einfacher Brunnen, eine der vielen Langnasen* der Stadt, die den Durst der Passanten löschen, Zylinder aus Gusseisen und Rost, oft durch mangelnde Pflege ausgetrocknet. Er wirft einen dünnen Wasserfaden aus, ein Segen für den, der in der Gluthitze des Sommers mit verstaubter Kehle unterwegs ist, und er ist zur Gänze golden. Im Zittern der glühendheißen Luft erscheint er wie eine Fata Morgana, wie ein bescheidener, aber wundervoller Tempel, wie eine Oase, gleißend durch das dukatengoldene Licht.

Eine poetische Hand hat ihn in der Nacht lackiert und in einen bezaubernden Edelstein verwandelt, und nun leuchtet er wie die Krone eines Königs und versprüht ein phantastisches Licht. Diese einfache Langnase wird plötzlich zum erstaunlichsten Brunnen Roms, der Goldlack löst ihn aus seiner täglichen Mühsal, um ihn in den barocken Himmel der Stadt zu erheben, neben den berühmtesten und schönsten Brunnen des 17. Jahrhunderts. Wer sich mit Ehrerbietung zu diesem Schluck Wasser beugt, der wird von der frischen Quelle noch mehr überzeugt sein.

Es bedarf nicht viel, um den Wert der Dinge zu verstehen, es genügt, das Holzbesteck und die eisernen Langnasen zu behandeln, als wären sie aus Gold, damit kein Tropfen Wasser und Schönheit vergeudet wird.

1927 wurde dem jungen Architekten Pietro Lombardi* die Aufgabe gestellt, eine gewisse Anzahl von neuen Brunnen für die Bezirke im Zentrum Roms zu entwerfen. Lombardi hatte durch die originelle Fontana delle Anfore auf sich aufmerksam gemacht, die auf der Piazza dell'Emporio steht, und er widmete sich diesem Auftrag mit Feuereifer. Wasser und Travertin sollten die einzigen Elemente sein, die ins Spiel gebracht wurden, in bester römischer Tradition also. Er schaffte es, sieben Brunnen zu vollenden, von denen einige kleine städtische Meisterwerke sind, auf denen der Blick vor dem verdienten Schluck mit Wohlgefallen ruht, besonders, wenn es heiß ist und die Kehle nach Erfrischung lechzt.

Der allerschönste ist die Fontana della Pigna auf der Piazza San Marco, die vielleicht den absoluten Rekord unter den Durststillern hält. Sehr hübsch sind aber auch die Fontana dei Libri in der Via degli Staderari, die Fontana degli Artisti in der Via Margutta und die Fontana delle Tiare nahe dem Vatikan. Hinter jeder steht eine einfache und eindrucksvolle Idee, jede ist eine überraschende Erfindung. Es wäre richtig, diese Initiative nach so vielen Jahren Distanz wieder aufleben zu lassen, einen öffentlichen Wettbewerb auszuschreiben für zehn oder hundert neue Brunnen, junge Künstler mit einzubeziehen, um an vielen Winkeln Roms neues Wasser zu spenden. Ich verstehe, dass unsere Zeit zur Schwülstigkeit neigt, zu monumentalen Projekten, dass »klein, aber fein« ein überholter Slogan ist: Aber ich glaube, dass viele Architekten, die noch nicht in den Himmel des internationalen Ruhms aufgestiegen sind, glücklich wären, sich an der Aufgabe eines Brunnens zu messen.

Kurz, es wäre notwendig, einen anderen Pietro Lombardi zu finden, das kaum bekannte Genie des Wassers für alle.

Es ist schön, gewisse Plätze zu entdecken, die wirken, als wollten sie sich verstecken, mit uns spielen wie Katzen, die sich in einem Winkel niedergeduckt haben, um nicht entdeckt zu werden.

Und so kommt es nach der feierlichen Förmlichkeit des Quirinals und dem riesigen Durcheinander der Piazza Venezia die Via IV. Novembre hinunterschlendernd nur wenigen in den Sinn, in den Gassen zur Rechten herumzustöbern, die quasi um sich selbst zusammengeknäuelt sind, gleichgültig gegenüber dem Chaos. Aber ich rate dazu, in die Via della Cordonata einzubiegen, eine kleine Gasse, die wirkt wie von einem Meister der Radierung gestochen.

Man startet, kommt kurz ins Trudeln, doch nach wenigen Metern zeigt sich ein reizender kleiner Platz mit einem Hotel und einem Restaurant, wo einen der Wunsch befallen könnte, einige Tage in Frieden zu verbringen. Aber das Beste kommt erst noch: Von der Gasse führt eine kurze, elegante Stiege hinunter, eine Art Trinità de' Monti für Arme, ein kleiner Wasserfall aus heiteren Treppen. Und unten gibt es einen Brunnen, eigentlich ein Brünnlein, einen dieser teuren und urrömischen Wasserspender aus Gusseisen, allüberall zu finden, um uns den Durst zu nehmen und das Gesicht zu erfrischen.

Die Rede ist von der Fontana delle Tre Cannelle, die auch der Straße, die wir unten kreuzen, den Namen gegeben hat. Einspurig und spitz zulaufend ist die Straße eine Einladung, nach einem Essen mit den Freunden unseren Durst zu stillen. Ungefähr hier wurde im 17. Jahrhundert ein von Giacomo Della Porta entworfener, schöner barocker Brunnen aufgestellt, der Wasser aus drei Röhren fließen ließ: Er ist, wie so vieles, in der Zwischenzeit verschwunden, zerstört von irgendjemandem, man weiß nicht, warum und weshalb. Und so wurde er in den Zwanzigerjahren des letzten Jahrhunderts durch diesen bescheidenen, aber außerordentlich sympathischen volkstümlichen Brunnen ersetzt, ein wahres Fest für Durstige.

In dieser kleinen Straße versuchte die glücklose Bande in dem Film *Diebe haben's schwer* ihre Einbruchstour, die damit endete, dass sie in einer falschen Wohnung eine köstliche Minestrone mit Bohnen aßen. Vielleicht sind ja auch sie, wie wir, bevor sie flüchteten, stehen geblieben, um aus dem Brunnen zu trinken, geschlagen und frohgestimmt.

In der starren Zeit der großen Gluthitze sind die glücklich, die einen schönen Swimmingpool haben, die Bewohner der Bezirke an der Cassia und auf der Flaminia, die Mitglieder der Clubs am Tiber, die Schwimmer im frischesten und allerblauesten Wasser! Bevor man mit dem Flugzeug in Rom landet, sieht man aus der Höhe diese winzigen himmelblauen Quadrate wie flüssige Juwelen zwischen die Häuser eingezwängt, während man von den glühendheißen Straßen gar nichts bemerkt, bloß Mauern, die beschützen und trennen. Wer einen Freund mit einem Schwimmbecken hat, besitzt einen Schatz, ein Glück, das es zu pflegen gilt. Im Sommer sind alle Pools großartig: Die rechteckigen Fünfundzwanzig-Meter-Becken, um kraulend hin und zurück zu pflügen, ebenso wie die der neureichen Filmproduzenten, in Herzform oder als kleiner See gestaltet und hineingesetzt in die Gärten der Protzvillen an der Appia Antica.

Eines der schönsten Schwimmbäder der Stadt, auch wenn es geschlossen ist und wenig gelüftet, mehr im Winter als für den Sommer geeignet, mehr für Sportive als für erhitzte Neureiche, die sich abkühlen wollen, ist ohne Zweifel das im Foro Italico. Es ist eines der Hauptwerke der Architektur des 20. Jahrhunderts, als die besten Architekten des Rationalismus* sich zusammentaten, um mit dem faschistischen System zusammenzuarbeiten. Es ist von dutzenden Mosaiken umrundet, an den Wänden und auf dem Boden des Beckens erscheinen beeindruckende Darstellungen von Schwimmern und Springern, aber auch solche von seltsamen Meeresungeheuern, Tritonen, riesigen Krebsen und Pferden mit Fischschwanz, phantastische Bewohner eines Meeresuniversums, das sich zwischen den Olympischen Spielen und der klassischen Mythologie bewegt.

Aber noch herrlicher ist das kleine Schwimmbecken auf dem Dach, in dem viele römische Kinder gelernt haben, sich über Wasser zu halten und ihre ersten Versuche im Brustschwimmen starteten. Dieses Schwimmbecken erstreckt sich auf einer Brücke zwischen zwei hohen Gebäuden und schwebt wie eine rechteckige Wolke über dem Nichts. Es ist ein absolut metaphysischer Ort mit hohen Säulen, traumverlorenen Mosaiken und einem Riesenfenster, das zum Himmel hin gerichtet ist. Es ist die platonische

Idee des Schwimmbeckens, Wasser, dem Fluss der Zeit entzogen und der ewigen Ordnung der Ideen anvertraut. Ohne zu schreien schwimmen die Kinder über der Unordnung der Welt in dieser Schachtel, die einem Tempel gleicht, wie ein Traum von Süßwasser.

In der kochend heißen Luft der Tage um Ferragosto* öffnet Rom überraschende Räume, und gewisse Figuren, die bislang durch die Wirrnis der Metropole verborgen waren, zeichnen sich nun mit Klarheit und Wahrhaftigkeit ab. Gegen Abend erscheint uns vor den Mauern, die durch die Hitze des Nachmittags immer noch glühend heiß sind, in den langen und anonymen Straßen an der Peripherie, aber auch auf den leeren Gehsteigen der besseren Wohnviertel ein Mensch, der nach Hause zurückkehrt, in den Händen einen Karton mit einer Pizza. Ein Karton, eine Pizza.

Im Grunde könnte er ein Familienvater sein, der sich in Abwesenheit von Frau und Kindern, die in irgendeinem Hotel am Meer oder in den Bergen sind, selbst arrangieren muss, ein Familienvater, der sein Mittagessen ausfallen ließ, jetzt eine Pizza Napoli verschlingt, die er in der Rosticceria erstand, wo er ein eiskaltes Bier getrunken hatte. Wir wünschen sehr, dass es sich so verhält, aber gleichzeitig wissen wir, dass der Mann mit der Pizza, die er fast verlegen an sich drückt, beinahe schamvoll, ein einsamer Mann ist.

Die Stadt wird von diesen schweigsamen Existenzen durchquert, von Leuten, die den Sommer wie eine Verurteilung ohne Ausweg erleben. Es sind keine Bettler, sie haben gewiss nicht auf Arbeit und Würde verzichtet. Aber vielleicht sind die noch einsamer, die in den Bahnhofshallen sitzen, in Gesellschaft vieler anderer Gescheiterter und eines Kartons Wein. Sie sind ganz einfach die einsamen Männer der Stadt. Vielleicht haben sie eine gescheiterte Ehe hinter sich, und im Herzen eine Melancholie und eine

Sturheit, die sie in diese Öde gebracht haben. Im Winter verstecken sie sich in den Büros, in tausend Besorgungen, in Gesprächen in den Bars, die immer geöffnet sind, sodass sie ein soziales Leben vortäuschen können, aber der Sommer deckt diese Leere auf, die sie nicht aus ihren grausamen Klauen lässt.

Die Stadt verzeiht nicht und schenkt nichts, unsere Zeit hat keine Zeit, die aufzufangen, die über Bord gerutscht sind. Und so geht der Mann, der niemanden hat, allein in sein Appartement, und wir folgen ihm mit den Augen, während er mit seiner Pizza verschwindet, und denken, wie sehr der Sommer schmerzen kann und wie bitter diese einsame Speise sein wird.

Vielleicht brauchen wir eines Tages einen Ort, an dem man einen feierlichen Schwur formulieren kann, ein Versprechen, das Leib und Seele in Mitleidenschaft zieht. Einen Ort, losgelöst vom Zaudern der Menschen, über den täglichen unsicheren Geschicken liegend, einen Gipfel, symbolisch einen Meter vom Himmel entfernt, der zuhört und nicht nachgibt.

Wenn es einen Ort gibt, an dem man eine definitive Verpflichtung treffen müsste, dann wäre das der Monte Sacro: natürlich nicht das ganze Viertel, sondern nur der höchste Gipfel, auf den sich die römische Plebs 494 v. Chr. auf Initiative eines gewissen Siconius zurückzog, der nicht mehr der Präpotenz der Patrizier ausgesetzt sein wollte. Hier hat das Volk von Rom für immer seine Würde gefunden, hier hat es geschworen, sich niemals mehr zu unterwerfen, nie mehr Angst zu haben.

Viele Jahrhunderte später, am 15. August 1805, war Simón Bolívar* hier oben angekommen: Er war zweiundzwanzig Jahre alt und hatte ein vom Traum der Freiheit entzündetes Herz. Auf diesem historisch so bedeutsamen Hügel sprach Bolívar folgende Worte aus: »Ich schwöre vor Euch, ich schwöre zum Gott meiner Väter, ich schwöre durch sie, ich schwöre auf meine Ehre und schwöre auf mein Vaterland, dass ich mit meinen Händen und meiner Seele nicht Ruhe geben werde, bis ich nicht die Ketten gesprengt haben werde, die uns durch den Willen der spanischen Macht unterdrücken.«

Ein Obelisk, zum Himmel gereckt wie eine Verpflichtung, ein Werk des Bildhauers Jorge Castillo*, wurde hier im Jahr 2005 errichtet, um an die Worte des Libertadors zu erinnern, feurige Worte, denen notgedrungen die siegreichen Schlachten für die Unabhängigkeit von Venezuela, Kolumbien, Peru, Ecuador und Bolivien folgten. Es ist ein schöner Ort, diese schattige Anhöhe: Um die Skulptur gibt es ein paar Bänke, auf denen man Platz nehmen und sich heroische Wendungen der eigenen Existenz ausdenken kann. Hier können wir uns von jeder Untauglichkeit befreien. Hier können wir schwören, die ganze Welt zu verändern oder zumindest unsere kleine Welt.

Heute glänzt der Asphalt, als wäre er von kochendem Wasser überzogen, die Luft brennt, und alles wirkt unbeweglich. Auch auf der Tangenziale herrscht Schweigen, alle fünf Minuten fährt ein Auto vorbei, als ob es uns daran erinnern wollte, dass wir immerhin in Rom sind, dass bald der Herbst, der Verkehr, das Durcheinander wiederkehren werden. Aber jetzt ist die Zeit aufgehoben, die Uhren stehen seit Mittag still, nichts und niemand möchte diesen Moment perfekter Traurigkeit zerstören.

Dann, plötzlich, eine Vision, vielleicht eine Halluzination, ich vermag es nicht zu sagen: In den Augen entsteht eine Vorstellung, absurd und doch selig in ihrer fröhlichen Herausforderung jedes grausamen Realismus. An einem Pilaster der Tangenziale, mehr oder minder auf Höhe der Batteria Nomentana, steht ein Junge in einem himmelblauen T-Shirt und einer komischen Kappe auf dem Kopf, die Haare lang und die Beine mager: Vor sich hat er ein Gepäckstück stehen und, aufgestützt auf den Griff des Trolleys, ein Stück vergilbten Kartons, die Ränder halb abgerissen und mit dem blauen Schriftzug »Amsterdam«.

Ich glaube nicht an das, was ich sehe: Ich verlasse die Tangenziale und kehre wieder zurück, ich möchte sicher sein, dass es sich nicht um eine optische Täuschung handelt, eine Reklame für einen Film über die Siebzigerjahre, einen Sonnenstich. Der Junge steht unverwandt und engelsgleich da, den Autostopperdaumen auf die Knie herabgesenkt, aber er ist bereit, aufzustehen, als ich mit meinem Moped vorbeikomme. Glaubt er tatsächlich, dass ihn irgendjemand von der Batteria Nomentana nach Amsterdam bringt? Ja, er hat keinen Zweifel, er wartet, zieht sich in den Halbschatten zurück und kommt wieder nach vorne, als ein halb kaputter Lieferwagen vorüberfährt.

Er ist ein lebendiges Denkmal der Hoffnung, eine junge Hymne auf den Optimismus, ein glücklicher Gesang der Ahnungslosigkeit. Er glaubt nicht, dass diese Welt und diese Stadt durch Zynismus verdorben sind, durch die Gleichgültigkeit, die Hundstagehitze: Er ist der ganz fröhlichen Überzeugung, dass irgendjemand stehen bleiben wird und ihn einsteigen lässt, vielleicht nicht, um ihn direkt nach Amsterdam zu bringen, vielleicht nur bis Orte, aber dann wird man weitersehen; ganz bestimmt wird ein anderer stehen bleiben, weil das Leben doch großzügig ist.

Ich fahre weiter und hoffe, ihn nicht nach fünf oder sechs Stunden an dem Pilaster wiederzufinden. Und doch spüre nun auch ich einen leisen Windhauch, der meine Gedanken bewegt, der mich mit einem halben Lächeln nach vorne blicken lässt, weil die Straße immer lang ist, und weil alles geschehen kann.

Emily Dickinson schrieb: »Es gibt die Einsamkeit des Raumes / die Einsamkeit der Seele / Die Einsamkeit des Tods, jedoch / Gesellschaft bieten die / Verglichen mit dem tiefern Ort / Des Eisigen Allein / Der Seele die sich selbst empfängt.«

Die feinsinnige amerikanische Dichterin sah offenbar etwas Mysteriöses und Endgültiges in der Einsamkeit eines Herzens, das über sich selbst reflektiert: Wir verstehen, was sie sagen will. Aber unendlicherweise viel größer, teure Emily, ist die Einsamkeit eines menschlichen Wesens an den endlosen und trostlosen Augustnachmittagen in Rom. Das ist ein Abgrund, über den allein sich zu beugen schon Angst bereitet. Wer allein ist, spürt das hundertmal mehr unter der starren und unbeweglichen Gluthitze in diesem Monat ohne Grenzen, ohne Gewohnheiten; ja nicht einmal die gewohnte Bar ist geöffnet.

»Wie gefällt Ihnen Rom so verlassen?«, fragt mich plötzlich ein Fremder, der eine kleine Tüte mit Einkäufen festhält. »Gut«, sage ich, und der Mann nutzt dieses Krümelchen Vertrauen, um mit einer langen Geschichte zu beginnen, die jede Menge Jahre zurückliegt, einer Geschichte über Trauer, Verlassenwerden, über Menschen, die abreisen und nicht wiederkehren, Menschen, die verschwinden, Freunde, die betrügen, über Krankenhäuser, Züge, Friedhöfe, Entlassungen, Frauen, die gnadenlos Adieu sagen, und eins nach dem anderen verlieren sie ihre Namen, Gesichter, Persönlichkeiten, es verlieren sich die Jahreszeiten, die Jahre, die Tage.

Man bekommt eine Gänsehaut beim Zuhören, wie die Bühne des Lebens sich entleert hat, solange, bis nur dieser Mann übrigblieb, der vor uns steht, allein im Zentrum einer gleichgültigen Stadt, in einem August, der jeden Grashalm verbrennt. Und nun schaut er mich an, als wäre in der ganzen Welt für ihn nur ich geblieben und niemand anderer, so als könnte er das Gewicht eines dermaßen traurigen Lebens nur mit mir teilen. Und ich weiß nichts darauf zu antworten, nichts zu tun.

»Be', a presto«, sagt er zu mir und schreitet mutig voran, wie in den Schlussszenen bei Chaplin, wo sich ein Kreis ringsum schließt, bis alles schwarz wird.

Rom ist ein Naturpark, in dem sich wirkliche und symbolische Tiere begegnen wie in einer phantastischen Erzählung. Lassen wir die Hunde und die Katzen beiseite, die sich seit jeher in den römischen Häusern und Gassen tummeln, lassen wir auch die Fische in den Katakomben und die Schildkröten der Brunnen beiseite, die Löwen der Sarkophage und die Stiere der Mithräen, den Phönix, der in den Absiden der ältesten Kirchen herumschwirrt, die starren Bienen der Prinzen und die kleinen Drachen der Villa Borghese und all die allegorischen Tiere, die in einem Kodex der gelehrten Verweise leben, außerhalb der Natur.

Rom erlaubt uns außergewöhnliche und überraschende Begegnungen mit frei laufenden Tieren. Ich erinnere mich an das Schaf, das sich auf der Ponte delle Valli unter die Räder meines Mopeds geworfen hat, während ich dahinfuhr und an New York und an Star Wars dachte. Rom ist noch immer voll von Schafherden: Die sanften Schafe laufen nicht mehr durch die Via del Corso; aber sie weiden und blöken auf den vielen Wiesen innerhalb des Grande Raccordo, unter den Wohnburgen an der Peripherie. Und manches Tier entkommt den kleinen und schon etwas pathetischen Zirkussen, die um die Aufmerksamkeit der fernsehabhängigen Kinder wetteifern: Ein Elefant spazierte ruhig auf dem Largo Pino Pascali, ein weißes Pferd galoppierte auf der Palmiro Togliatti ... Ich habe sogar einen Schimpansen an einer Bar gesehen, wie in der Werbung.

Die unglaublichste Begegnung aber geschah in der Nacht nahe der Piazza Vittorio. Etwas rührte sich auf dem Gehsteig, und es war keine Ratte: Es bewegte sich ruckweise wie ein mechanisches Spielzeug, es kam voran und wich zurück. Mit einem Wort: Es war ein großer Granchio, eine Krabbe, die vom Marmortisch irgendeiner Fischhandlung geglitten war. Von Rom aus suchte sie die Straße zum Meer, ein bisschen wie die Helden in *Nemo*. Der Weg war mühselig und beschwerlich, sie hielt auf einen fernen

Traum zu, auf ein Ziel, das für immer verschwunden war, sie kam voran und glitt zurück, und ich weiß nicht, weshalb auch er mir, der arme Granchio, ein unübersetzbares Symbol schien, das mir etwas sagen wollte: Aber was?

»Der gestirnte Himmel über mir, das Moralgesetz in mir« sagte Kant, quasi um die beiden Ufer festzusetzen, zwischen denen unsere Existenz verlaufen muss: das Unbekannte, das erschreckt, und das Gute, das Kraft spendet, das wirbelnde Glitzern des Firmaments, und die Gemütsruhe des Lebens, das weiß, was Recht ist.

Heute, da alles vorwärtsstrebt ohne den geringsten himmlischen oder irdischen Bezug, kann uns vielleicht noch die Lust ankommen, den Blick zu den tausend Lichtern der Nacht zu erheben. Aber von Rom aus etwas zu sehen ist schwierig, die Stadt ist ein über alle Maßen strahlender Stern, der rechthaberisch das absolute Dunkel verbietet: Und wenn der Himmel nicht dunkel ist, erscheinen auch keine Sterne. Wir können bloß die Lichter der Flugzeuge beobachten, die weit weg fliegen, ihnen unsere unsichersten Gedanken anvertrauen. Aber wenn wir uns für eine Stunde zwischen der Milchstraße und dem Polarstern verlieren möchten, zwischen der wenig bekannten Konstellation des Hundes und der Katze, die leuchtenden Punkte miteinander verbinden wollen, wie das die Kinder mit dem Stift der Phantasie tun, dann muss man in die EUR*, ins neue Planetarium.

Neu, weil das alte, das in der achteckigen Aula der Thermen des Diokletian untergebracht war, seit 1980 geschlossen ist: Es war eines der frühesten Planetarien Europas. Der neue künstliche Himmel ist seit 2004 geöffnet, und es ist eine wunderschöne Erfahrung, sich in den Rundraum zu setzen, das entschwindende Licht zu beobachten, die Sterne, die wachsen, um das Dunkel mit Sternengold zu erleuchten. In der Zwischenzeit erklärt uns die tiefe Stimme eines Fachmanns alles, bringt uns in die südliche

Halbkugel und dann wieder in jene des Nordwinds, macht uns auf die Planeten des Sonnensystems aufmerksam und drängt unsere Vorstellungskraft nach allerfernsten Galaxien. Für eine Stunde empfinden wir uns als Nichts unter dem Bogen des Firmaments, der uns zuerst schreckt und sogleich beruhigt, weil jede lächerliche Eitelkeit unter dem Himmelsgewölbe verschwindet. Und schon fühlen wir uns wieder bedeutend, weil es auch uns in diesem unendlichen Theater gibt.

In diesen schwierigen Momenten, wenn die Ökonomieperspektiven düster nach unten weisen und nur die Arbeitslosigkeit und die Trostlosigkeit wachsen, ist es nicht leicht, Zeichen der Hoffnung zu finden, allerkleinste positive Zeichen, an die man sich klammern kann wie an Baumstämme in der Strömung. Und doch, wenn wir uns noch nicht resigniert dem Schlechteren zugewandt haben, wenn noch ein kleiner Hauch Hoffnung in den Herzen vibriert, sollten wir diese schmächtigen schwachen Hoffnungskrümelchen sammeln wie Vorboten des Lichtes, das kommen wird.

Ich spreche in Metaphern, aber nicht in übertriebenem Maße. Tatsächlich habe ich an zwei bis drei Punkten der Stadt, in den Gärten an der Flaminia, auf dem Monte Mario, in einer nächtlichen Einfahrt einer Garage des Monte Sacro das aufblitzende Funkeln von Glühwürmchen gesehen. Wir wissen gut, welche symbolische Bedeutung diese kleinen Insekten haben, wie Pasolini an ihrem Verschwinden das Ende einer alten, bäuerlichen, vitalen Kultur festgemacht hat, ausgelöscht durch den Zynismus und die Anmaßung der modernen Zeit. Nicht einmal die leichten Mädchen haben ihren Namen behalten: Heute nennt man sie Escort-Damen, Sex-Unternehmerinnen, Funktionärinnen der Lust.

Die Glühwürmchen leben nur in manchen nostalgischen Gedichten weiter, in Erinnerung an eine für sie vergangene Zeit, in der Unschuld einer verträumten Kindheit. Und plötzlich sind sie da, sind ohne Vorankündigung zurückgekehrt, um uns eine Überraschung zu bereiten. Wer weiß, vielleicht wurden sie genetisch verändert, vielleicht haben sie sich mit irgendwelchen Rückstrahlern oder einer LED gekreuzt, Tatsache ist, dass sie wieder erschienen sind, gegen jede Logik. Ich habe hingesehen, weggesehen und wieder hingesehen und habe meinen Augen kaum getraut. Neben einem dunklen Gesträuch an einem dunklen Ziegelgeländer inmitten einer größeren dunklen Fläche haben sie ihre flackernden Lichter entzündet. Ich weiß nicht, ob ihre Anwesenheit etwas Gutes verheißt oder ob sie nur so dahinlavieren wollen wie alle anderen. Ich jedenfalls bin zufrieden über diese Rückkehr und habe etwas mehr Vertrauen in die Zeit, die kommen wird.

Um auf diese elendigliche Gegenwart zu reagieren, stellen wir uns fruchtbare Inseln vor, wo fette Kühe weiden. Wir versuchen, die Realität zumindest mit Hilfe der Phantasie zu bekämpfen. Kurz, wir gehen dem guten Geschick entgegen, in der Hoffnung, es auch tatsächlich zu finden. Etwa, wenn wir der Galleria Borghese einen Kurzbesuch abstatten, in der sich Meisterwerke von Caravaggio und Raffael, Tizian und Bellini befinden, aber auch eines der ersten Werke Berninis: die *Capra Amalthea**.

Es ist eine kleine Skulptur, die auf einem Tisch liegt und Jupiter als Kind darstellt, der, gemeinsam mit seinem Freund, dem kleinen Faun, mit der mythischen Ziege spielt, der vermeintlichen Mutter und Amme. Der übermächtige Kronos wollte, in der Angst, sein Zepter zu verlieren, auch Jupiter verschlingen, wie er das mit all seinen anderen Söhnen getan hatte; aber Rea, die Mutter, entriss den Kleinen dem Schlund des Gemahls und versteckte ihn in einer Grotte auf Kreta, wo er durch die Tochter des Königs Melisseus beschützt und durch die Zitzen der vorsorglichen kleinen Ziege ernährt wurde.

Als Jupiter dann Haupt der gesamten Sippschaft wurde, machte er Amalthea in der Konstellation des Steinbocks unsterblich und ergiff eines ihrer Hörner, um es in ein Füllhorn zu verwandeln, eine Quelle, die endlos schmackhafte Früchte und einladende Leckerbissen ausschüttet.

Setzen wir also hier an, gehen wir von dieser Hoffnung aus. Auch das Horn des Überflusses scheint ausgetrocknet, es entsteigt ihm bloß ein dauerhaftes Lamento und manche Schmähung gegen den, der gerade regiert. Aber wir wollen uns Amalthea immer noch so vorstellen, dass sie jederzeit ihren süßen Reichtum über uns auszuschütten vermag, wir wollen uns einbilden, dass uns das Leben weiterhin zugetan sein wird.

September ist nach dem inneren Kalender von fast allen Menschen der erste Monat des Jahres. Nach dem Sommer startet man neu, schmiedet Pläne, beginnt eine Diät, schreibt sich in einen Fitnessclub ein und träumt von einem Jahr, das anders wird: besser! Im Januar sind wir dann mitten im Getöse, gut aufgestellt oder mit dem Wasser bis zum Hals, aber alles hängt davon ab, wie wir begonnen haben.

Dafür ist es in Krisenzeiten nötig, in beinah poetischer Weise auf Symbole zu setzen, so lange, bis sie uns eine imaginäre Energie schenken, Träume und schöne Hoffnungen. Und nach der Ziege Amalthea, der heidnischen Besitzerin des Füllhorns, vertrauen wir uns einer christlichen Ikone an, und komme was wolle: Wir werden jedenfalls das ganze Jahr mit vollem Einsatz in die Pedale treten!

Wir sind in der Via dei Giubbonari, haben verstohlen Schuhe und neue Kleider in den Vitrinen der schönen Geschäfte gemustert, wir haben imaginäre Rechnungen angestellt und schließlich den Kopf geschüttelt. Es bedarf einer Hilfe, einer heiligen Hand, einer Handvoll von zerstäubtem Manna, das die Dinge in Ordnung bringt. Betreten wir also am Ende der Straße San Carlo ai

Catinari, eine Kirche aus dem 17. Jahrhundert, von den Barnabiten zur Ehre von Carlo Borromeo* errichtet. In ihrem Inneren befinden sich viele sehenswerte Bilder, Werke von Lanfranco*, Sacchi*, Guido Reni und zahlreichen anderen großen Malern.

Uns aber fasziniert ein kleines Gemälde, nicht einmal sonderlich schön, das sich in einer Seitenkapelle rechts vorne befindet: eine Madonna mit dem Kind, bekannt als *Madre della divina provvidenza*, geschaffen von Scipione Pulzone*, einem zweitrangigen Manieristen. Seit Jahrhunderten ist es eines der den Römern teuersten Gnadenbilder. Sie knien hier nieder und beten, bis die Vorsehung sie so behandelt, wie es sich gehört. Es fallen einem die Passagen Manzonis* ein, seine Idee eines Gottes, der sieht und vorhersieht, der weiß, wie das Leben eines jeden weitergehen soll. Wir glauben es und wir glauben es nicht: Aber es ist September, und wir sind in Rom, lasst uns also auch hier vorbeikommen, vor dem Stand mit dem Superenalotto.

Wenige haben den Namen des römischen Dialektdichters Mario dell'Arco gehört, im bürgerlichen Leben Mario Fagiolo. Nun wollen wir das wiedergutmachen und lassen ihn für immer in den kleinen Tempel eintreten, der durch unsere Lyrik schon recht ausgetreten ist – durch Belli*, Trilussa* und Pascarella*.

1905 in eine Familie von Schlossverwaltern geboren, schrieb er sich, nach dem Besuch der Oberstufe, an der Fakultät für Architektur ein, wo er ein brüderlicher Freund von Mario Ridolfi* wurde: Gemeinsam entwarfen sie eines der schönsten und originellsten Gebäude des italienischen Razionalismo, und zwar den Palazzo delle Poste auf der Piazza Bologna. Aber der Ruf der Poesie war doch zu laut. Er stellte fest, dass »die Dichter Schlösser in die Luft bauen, während die irdischen Schlösser gute Fundamente haben müssen«. Und weil Bauherren denen, die Verse schreiben, misstrauen, entschied er sich dafür, seinen Namen zu ändern und sich von der Architektur zu verabschieden, um sich voll der Dichtkunst zu widmen, und das bis zu seinem Tod im Jahr 1996.

»Die metaphysische Aura dell'Arcos fußt zur Gänze auf dem Terrain des reinen Wortspiels« schrieb Pasolini, der ein großer Experte der Dialektdichtung war, aber man muss nicht gleich an einen reinen Wortakrobaten denken, der bloß dazu fähig ist, mit Worten Scherz zu treiben. In den Gedichten von Mario dell'Arco steckt auch viel Melancholie, die aber, wie das in Rom oft vorkommt, nicht lästigerweise über dem ausgeschüttet wird, der zuhört; es umgibt sie immer eine Art von liebenswürdiger Leichtigkeit, ein Lächeln.

Wie in den wundervollen Versen von *Accidia**, die so gut zu den Gedanken und der Liebenswürdigkeit des römischen Fannullone* passen, dass wir sie an das Ende dieser Insel stellen, die einem Poeten gewidmet ist, der es verdienen würde, von niemandem vergessen zu werden: »Chi piú de me? Me sdraio in mezzo ar prato / tra papaveri e bocche-de-leone / e me sento er padrone der creato. / Ma er celo è troppo limpido: / pesco una nazzionale ner pacchetto / e fo' nasce una nuvola, / cosí domani piove e resto a letto.«*

»Una via stretta, una via scura – appena / tra tetto e tetto un lume / de' sole – una via sbieca: / ma fiume è a un passo, e fiume / entra co' una frescura / de' canne smosse e co' un fruscio de rena.«* So beschrieb uns Mario dell'Arco die Straße, in der er geboren wurde, die Via dell'Orso.

Heute, da die reichsten Reisenden, Hollywoodstars und russische Oligarchen, die Hotels der Via Veneto, auf Trinità de' Monti und in Parioli wählen, strahlen die fünf Sterne nicht mehr über dieser schiefen Straße dicht am Tiber, die Touristen nur schwerlich passieren. Einst kamen hier aber berühmte Gäste an: Die Legende erzählt, dass sogar Dante Alighieri hier abgestiegen ist, auf seiner Reise nach Rom aus Anlass des Giubileo 1300*.

Ganz gewiss schliefen Rabelais, Montaigne und sogar Goethe für einige Nächte in den Alberghi dell'Orso, und in der Stille und dem Frieden schrieben sie einige ihrer unsterblichen Seiten. Zudem lagen hier die bekanntesten Herbergen Roms; ein Zimmer zu bekommen, war für niemanden leicht.

Es ist nicht klar, woher der Name dieser Straße stammt. Irgendjemand erinnert sich, dass die Herren dieser Contrada die Orsini gewesen sind. Und ein anderer, zum Beispiel Costantino Maes, weist auf zwei komische Reliefs, die man auch heute noch die Straße entlang sehen kann und die den Ursprung des Namens zeigen: Auf beiden ist es ein Löwe, der ein Wildschwein zerlegt, aber das Tier ist so grob dargestellt, dass die Leute es »Orso«* nannten.

Geboren und aufgewachsen zwischen den Ruinen der Zeit nehmen wir Römer eigentlich nie irgendetwas zu ernst: Es freut uns, über Päpste und Kaiser zu lachen, Diktatoren und Prinzen zu frotzeln, durch ein Gelächter jeden Hochmut bloßzustellen. Und dann soll uns ausgerechnet ein kaum als solcher erkennbarer König des Waldes einschüchtern, ein armer Teddybär?

Die Touristen kreisen in der Stadt, den Stadtplan in der Hand, um zu begreifen, wo sie sich gerade befinden und wohin sie unterwegs sind; sie haben auch Stadtführer, die ihnen die besten Restaurants empfehlen, die richtigen Lokale, die gerade en vogue sind und die alternativen, in denen man das wohlschmeckendste Cornetto zu kosten bekommt oder wo man den spektakulärsten Caravaggio bewundern kann. Aber auch wir Römer verharren auf unseren täglichen Gleisen, und wenn wir die Geschossbahn ändern müssen, vertrauen wir uns dem Navigationsgerät an oder überfliegen das Straßenverzeichnis, um herauszubekommen, in welchem kleinen Quadrat wir uns befinden. E5 oder B7, wie bei einer Seeschlacht. Die Zeit reicht nicht mehr, um aufs Geratewohl auszuschreiten, womöglich mit dem Risiko, in die falsche Querstraße einzubiegen und sich weiß Gott wo zu befinden, in einem unbekannten Viertel, auf einem nie gesehenen Platz.

Deshalb bin ich verblüfft stehen geblieben, als ich einmal in der Via dei Cerchi, neben dem Circus Maximus, ein kleines metallenes Schild an der Mauer erblickte, vierzig Zentimeter von der Erde entfernt. »Mi sono perso, XVII. IX. MMX.« Nichts weiter. Jemand hatte der Welt diese Botschaft hinterlassen, die auf den Wellen des Nichts schwimmt. Ich habe mich verlaufen, hier, in Rom, an einem Tag im September 2010.

In dieser Höhe könnte das auch das verzweifelte Gebell eines Hundes sein, eines der vielen, die sich im Chaos der Stadt verlaufen haben, aber ein Hund hinterlässt keine Tafeln an einer Mauer. Wer war es also, und was bedeuten diese wenigen Worte? Vielleicht handelte es sich um einen entgleisten Reisenden oder einen Künstler, einen besonderen Typ, für den Sich-Verlieren bedeutet, sich noch mehr an den Fluss des Lebens dranzuhängen. Er konnte auf der alltäglichen gewohnten Spur bleiben, hat es aber vorgezogen, wenn auch nur für kurz, sich zumindest in der Phantasie mit dem Unvorhersehbaren einzulassen, das Gefühl zu erleben, nicht mehr zu wissen, wo man zu Hause ist, wo der übliche Weg ist, der im Kreis geht.

Er wollte aber unerkannt bleiben und ich, der ich diese Tafel gelesen habe, verspüre Bestürzung und ein klein wenig Neid.

Wer war nochmal Costantino Brumidi? Der Name sagt uns wenig oder gar nichts. Und doch verdient es die Geschichte des dem Purismus verpflichteten Malers, 1805 in Rom geboren, an sie erinnert zu werden, weil sie außergewöhnlich ist.

Beginnen wir bei der Chiesa della Madonna dell'Archetto, dem allerkleinsten Marienheiligtum, eingeklemmt am Ende einer winzigen Gasse hinter der Piazza dei Santi Apostoli: In dieser heiligen Bonbonniere malte Brumidi einige Fresken in der Technik der Wachsmalerei, die er meisterhaft beherrschte. Aber er schuf auch Fresken für die Wände des Theaters in der Villa Torlonia.

Wie viele Künstler seiner Epoche war auch Brumidi ein Patriot, und deshalb nahm er unerschrocken am großen Abenteuer der Repubblica Romana 1849 teil, in der sie gegen Franzosen und Österreicher kämpften. Nach der Niederlage wurde ihm der Prozess gemacht, und er wurde zu vierzehn Jahren Haft verurteilt, weil er aus der Chiesa Santa Francesca Romana Stühle und Bänke entwendet hatte, wohl um damit Barrikaden zu errichten. Glücklicherweise wurde er nach ein paar Jahren begnadigt und aufgefordert, Rom zu verlassen.

Nicht mehr jung, aber immer noch voller Hoffnungen und Energien, schiffte er sich 1852 nach Amerika ein, wo sein neues Leben begann, das ihm Liebe und Neid brachte wie keinem anderen Künstler, und wo man ihn als Michelangelo der Vereinigten Staaten betrachtete (auch wenn es gerechter gewesen wäre, ihn neben Raffael zu stellen). Drei Jahre später wurde ihm in der Tat der Auftrag erteilt, nichts weniger als das Kapitol, Sitz des US-amerikanischen Parlaments, mit Fresken zu versehen, und dieser Arbeit widmete er sich fünfundzwanzig Jahre lang.

In der Kuppel des Parlaments stellte er die Himmelfahrt George Washingtons dar, begleitet von Wahrheit und Gerechtigkeit, und ganz Amerika bestaunte dieses beeindruckende Werk mit offenem Mund. In der Tat wird auch heute noch am 18. September, dem Tag, an dem der Künstler in die Vereinigten Staaten kam, der *Brumidi Day* gefeiert.

Rom mag hier sein, die Römer aber lassen sich in der ganzen Welt schätzen!

Seit 1956 richten die Händler vom Markt der Via Sannio ihre barschen und liebevollen Einladungen an jeden, der vorbeikommt. »A maschio, che te serve, qui te poi rivestí a novo co' du' lire, vie' qua, mica me te magno, te vojo solo vedè acchittato come se deve, fermati, guarda 'sti jeans, qui so' solo sconti.«*

Es sind um die zweihundert Verkaufsstände, zweihundert Marktschreier, Vater und Mutter aller kleinen römischen Märkte, das Reich des Feilschens bis zum Geht-nicht-mehr, der Basar des ganz lukrativen Geschäfts, das Ziel aller Halbwüchsigen Roms, die sich zum ersten Mal allein irgendetwas Schräges kaufen wollen. Es ist ein großes Vergnügen, sich zwei Stunden der Verkäufe und des Spektakels zwischen diesen eng nebeneinander stehenden Marktständen zu gönnen: Es ist so, als würde man in einem Straßentheater mitspielen, in dem es immer schon die gleichen Scherze und Kommentare gab, wo jeder seine Rolle aus dem Stegreif beherrscht. Und es gibt immer noch das Spiel der drei Karten, mit dem schlauen Manipulator, dem Kumpan, dem falschen Sieger und dem Tollpatsch, eine einzige unwiderstehliche Szene.

Man betritt die Via Sannio ohne zu wissen, was man braucht. Und man verlässt sie mit einer Tüte voller neuer und gebrauchter Kleider und dem Eindruck, sich ungemein amüsiert zu haben, weil ja jeder Einkauf und jeder Betrug mit dem feinen Salz der Phantasie gewürzt ist.

Es ist früher Morgen. Wir verlassen die Wohnung und fühlen uns schon ein bisschen müde bei dem Gedanken an all die Scherereien, denen wir ausgesetzt sind, und an die Anstrengung, die uns das Leben in der Stadt abverlangt. Im Kopf entrollt sich der Papyrus der Verpflichtungen und der Sorgen; es gibt viel zu tun, hier und dort hart zu arbeiten, aber auch auf die Bank zu gehen, auf die Post, in den Supermarkt, um die schwankende Hütte aufrechtzuerhalten. Und schon sind wir im Verkehr eingekeilt, die Geduld verwandelt sich in Nervosität und die wenige Energie geht dabei drauf, sich einen Weg zu bahnen, eine Abkürzung zu suchen, und Beschuldigungen und Zänkereien auszustehen mit dem, der uns die Straße versperrt.

Und doch gibt es plötzlich das Schauspiel, das uns wieder Kraft verleiht, die glückliche Insel, die Lebenslust ausstrahlt und vage Hoffnungen: eine Volksschule – die Contardo Ferrini oder die Fratelli Bandiera, die Giorgio Perlasca oder die Pisacane –, irgendeine Volksschule unserer Stadt. Auf dem Gehsteig vibriert das Leben, hunderte Kinder mit ihren sauberen Schürzen und ihren bunten Rucksäcken finden sich für das neue Schuljahr zusammen, lachen, umarmen einander, schubsen herum, entziehen sich dem Zugriff der Mütter, um in Richtung ihrer Mitschüler davonzurennen. Es herrscht eine schöne Fröhlichkeit, eine frische Wirrnis, lebendig, vertrauensvoll. Merkur vertreibt Saturn, die heitere Belebtheit vertreibt die Melancholie.

Einer von ihnen startet jetzt seinen Probelauf, er ist noch eingeschüchtert, zögert ein wenig abseitsstehend, vielleicht hat er ja ein bisschen Angst, aber in seinem kleinen Herz fühlt er schon, dass das der richtige Ort für ihn ist, dass das seine Welt ist. Es gibt Probleme in den Schulen, aber viel größer ist der Wunsch, zu wachsen, zu lernen, mit allen zusammen zu sein, glücklich zu sein. Und auch der Erwachsene, der an ihnen vorbeigeht, denkt für einen Moment, dass er es packen wird, dass der Tag hart sein wird, aber auch schön, dass in diesem Moment hier zu leben ein Glücksfall ist.

Die Schule beginnt wieder, das Leben erneuert sich, und die Kinder lehren uns, dass kein Tag durch Traurigkeit vergeudet sein muss.

In der Via dei Marsi 58 eröffnete Maria Montessori* 1907 die Casa dei Bambini, den ersten Ort, an dem Kinder nach einem ganz neuen Modell erzogen werden sollten, das tatsächlich revolutionär war und später allüberall in der Welt Erfolg hatte.

Dieses Viertel, das gegen Ende des 19. Jahrhunderts errichtet worden war, kam schnell herunter: Armut und Elend hatten die Häuser beinahe unbewohnbar gemacht. Aber der Ingenieur Talamo*, verantwortlich für das Istituto Romano dei Beni Stabili, wollte diesem traurigen Viertel Hoffnung geben. Und so vertraute er Maria Montessori die Leitung der kleinen Schule an, in der sie nicht nur unterrichten, sondern auch das Leben der Bewohner moralisch verändern sollte. Die Eltern hatten ihre Kinder sauber zu halten, Innenhöfe und Wohnungen in Ordnung zu bringen, sich für ein besseres Leben einzusetzen.

»Hier muss man bei den neugeborenen Kindern die übliche Phrase ändern: Sie erblicken nicht das Licht, sie erblicken die Dunkelheit und wachsen zwischen der Dunkelheit und den Giften des menschlichen Agglomerats auf.« Und sie fügte hinzu, dass die Casa dei Bambini »kein passives Obdach der Kinder ist: sondern eine wirkliche Schule der Erziehung, deren Methoden durch die Prinzipien der wissenschaftlichen Pädagogik inspiriert sind. Der physische Zustand der Kinder wird beobachtet und gelenkt ... Die Sprachübungen, die der Sinne und die des praktischen Lebens bilden die wichtigste Basis der Kenntnisse.«

Sie war voll Enthusiasmus, Maria Montessori: Ihre wissenschaftlichen Studien – sie war die erste Frau in Italien, die den Doktor der Medizin erhielt – hatten sie davon überzeugt, dass die Erziehung der Kinder die Basis jeder sozialen Veränderung ist. Man dürfe sie nicht in einen Raum sperren und tausend Begriffe über sie ergießen, sondern müsse die Leistungsfähigkeit, die Kreativität, den Sinn der gemeinschaftlichen Arbeit erhöhen. Die Montessori-Schule der Via dei Marsi besteht noch: Hier lernen die Kinder auch heute lesen und schreiben und das Leben zu lieben.

Die Schönheit dehnt die Gedanken, öffnet Horizonte, macht die Seele weit: Manchmal schüchtert ihre Kraft beinahe ein. Ganz bestimmt macht sie uns sprachlos, lässt uns verblüfft zurück. In Anbetracht der *Pietà* oder von *Apoll und Daphne* erstickt die ästhetische Erschütterung jede Diskussion im Keim: Man schaut und schweigt, die Großartigkeit verschafft sich ihre selige Autorität.

Zum Glück gibt es in Rom auch schelmische Meisterwerke, ganz besondere, die die Erwachsenen und die Kinder lächeln lassen, geniale Scherze, weil auch die Künstler manchmal gerne spielen. Ich denke da zum Beispiel an den *Pulcino* auf der Piazza Santa Maria sopra Minerva, der kein Hühnchen, sondern ein kleiner Elefant ist, von Ettore Ferrara nach einer Zeichnung von Bernini gemeißelt.

Die Elefanten in der Geschichte Roms, von Pyrrhos bis Hannibal, waren immer auf Seiten der Feinde, dieser hier scheint aber glücklich einem kleinen Wanderzirkus entkommen. Er trägt einen Obelisken, der 1665 im Garten der Dominikaner gefunden wurde, den Rest eines Tempels, der Isis und Serapis gewidmet war, zu der Zeit, als die alten Römer von überallher Gottheiten einkauften. Papst Alexander VII. veranlasste eine Art Wettbewerb, um zu entscheiden, wer den Untersatz für den Obelisken schaffen sollte, und natürlich gewann ihn Bernini, wohingegen Padre Paglia, ein eingebildeter und neidischer Dominikanermönch, verlor.

Bernini hatte die Idee der *Battaglia d'amore in sogno di Polifilo*, einem »Roman« vom Ende des 15. Jahrhunderts, entnommen, in dem der Hauptperson das Traumbild eines Elefanten erschien, der einen Obelisken auf dem Rücken trug. Paglia aber bestritt, dass ein steinerner Dickhäuter jemals dieses Gewicht tragen könne und überzeugte den Papst davon. Auf diese Weise wurde Bernini gezwungen, eine Art Sockel unter den Bauch des Elefanten zu schieben, den er aufs Beste durch eine Schabracke bedeckte. Um sich aber zu rächen, verschob er den Schwanz des großen Tieres derart, dass es auf ewig furzähnliche Flatulenzen in Richtung Dominikanerkloster entlädt, das sich genau hinter seinem Rücken erhebt.

Ich glaube, dass ein jeder von uns die Erinnerung an seine Lehrerinnen ganz klar im Gedächtnis behält: an jene aus dem Kindergarten, die uns über die Trennung von Mama hinwegtröstete und die uns beibrachte, mit den anderen Kindern eine Gemeinschaft zu bilden, die ersten verzitterten Buchstaben und die ersten Ziffern nachzuziehen, kleine Häuser zu zeichnen, Bäume und winzige Straßen, und komische und zärtliche Kinderreime zu singen; und dann jene der Grundschule, die uns die Basis gab, auf der wir unsere Kultur aufbauten und die uns darin unterrichtete, schön zu schreiben, zu lesen und zu rechnen, die Zuflüsse des Po zu kennen, die Hauptstadt der Provinz, Höflichkeit und Erziehung.

Diesen Lehrerinnen, die das Jahr mit vielen neuen Kindern beginnen, die immer ruhig und geduldig mit den kleinen Teufeln sein müssen, die unsere Welt erschaffen, ihnen, die sich der Zukunft unseres Landes widmen, sei diese Insel gewidmet.

In der Kirche Santa Maria sopra Minerva, deren Visavis tatsächlich der kleine Elefant von Bernini ist, gibt es eine schöne Statue aus Alabaster, in der letzten Seitenkapelle links, vor dem Grabmal von Beato Angelico*. Es ist ein Werk von Francesco Grassia* aus Palermo, Franco il Siciliano genannt, einem fast unbekannten Bildhauer, der in der ersten Hälfte des 17. Jahrhunderts gewirkt hat. Maria hält ihr Kind auf dem Arm, wie in tausend anderen Darstellungen, aber es klammern sich auch die zwei Giovannini, Johannes der Täufer und Johannes der Evangelist, an ihr Kleid. Sie stehen ganz nah bei ihr, lassen sie beinahe nicht atmen, sie hält den Kopf gesenkt und ihr Antlitz ist heiter, gleich einer Lehrerin, die ihre Kräfte sammeln will, um ihre Schüler anleiten zu können.

Sie haben komische Gesichter, diese Kinder: Sie sind keine unschuldigen und harmonischen Engel, es sieht eher so aus, als könnte einer von ihnen im nächsten Moment einen Fußtritt austeilen oder anfangen zu brüllen, weil er ein Stück Schokolade will. Es könnte das Bildnis der Beschützerin aller Lehrerinnen sein; diese Madonna könnte eine von ihnen sein, umlagert und dennoch gelassen, von ihrer Arbeit überzeugt. Und nun: Danke, liebe Lehrerinnen, jede neue Stadt beginnt wieder bei Euch.

Wieviel Leben erscheint uns in den Träumen: unsere ferne Vergangenheit umhüllt in symbolische und geheimnisvolle Verkleidungen, wie Freud das behauptete; oder es kommen uns Bruchstücke aus der Zukunft besuchen, wie das die Alten glaubten. Oder haben im Grunde die ewigen Lottospieler Recht?

In der Bibel lesen wir vom Traum des Jakob und der leuchtenden Treppe, die bis zum Himmel reicht, während der große Träumer im Evangelium niemand anderer als der heilige Josef ist, dem im Traum oft ein Engel erscheint, der ihm Ratschläge gibt oder ihn beruhigt: »Steh auf, nimm das Kind und seine Mutter und flieh nach Ägypten, dort bleibe, bis ich dir etwas anderes auftrage.«* Aber bereits früher hatte der Engel Ordnung in seine Gedanken gebracht und ihm Mut eingeflößt: »Josef, Sohn Davids, fürchte dich nicht, Maria als deine Frau zu dir zu nehmen; denn das Kind, das sie erwartet, ist vom Heiligen Geist.«*

Josef träumt ständig, der gute Mann, der mit dem Himmel durch seine nächtlichen Visionen verbunden ist. Und Josef, dem Träumer, ist eine Statue von Domenico Guidi* gewidmet, die sich in der Kirche Santa Maria della Vittoria befindet, exakt vor der *Verzückung der heiligen Theresa*, dem Hauptwerk Berninis. Ich glaube, dass das die einzige Skulptur in der Kunstgeschichte ist, die einen träumenden Mann darstellt, den Kopf auf die Faust gestützt, die Beine leicht gekreuzt, mit den Gedanken in einem Jenseits, das ihm das Hier und Jetzt erklären kann. Ein barocker Engel überragt ihn, legt ihm die Hand auf die Schulter, und es kommt einem so vor, als würde man die Worte hören, die er Josef zumurmelt.

Es ist ein sehr schönes Werk, das leider durch die Anwesenheit der *Teresa* Berninis verdunkelt wird: Alle blicken auf den Engel, der den Körper der Heiligen durchbohrt, niemand wendet den Kopf, um den Engel zu bewundern, der Josef tröstet. Die Träume sind aus einem nicht greifbaren Stoff gemacht, der sich sofort auflöst, auch wenn es der Marmor ist, der sie erzählt.

In diesen der Kultur gegenüber sehr geizigen Zeiten, in denen Orchester und Theater schließen, die kleinen Buchhandlungen verschwinden, der Film Rückschläge erleidet, können wir eine Reise zurücklegen, die einer Hoffnung gleicht, einer Vorahnung, vielleicht einer Illusion, die allem zum Trotz aufrechterhalten wird.

Gehen wir zum wunderbaren Weideplatz der fetten Kühe, weit entfernt von dem vergilbten Gras, wo sich unsere bis aufs Gerippe abgemagerten Kälber nur mühsam ernähren. Wir erreichen die Villa des Maecenas, des Mannes also, der seinen Namen allen Hochherzigen, Generösen und Neureichen geschenkt hat, die sich darin ergehen, diese Hungerleider von Künstlern auszuhalten. Maecenas – »me cenate a casa«* – lebte zur Zeit des Augustus in einer schönen Villa am Esquilin (heute Largo Leopardi, entlang der Via Merulana) und war glücklich, an seiner Tafel Vergil* und Horaz*, Cornelius Gallus* und Properz* zu sehen, die natürlich ihrerseits noch glücklicher waren, weil sie einen Beschützer gefunden hatten, der ihnen ökonomische Sorgen vom Halse hielt. Vielleicht hätten wir heute die *Aeneis* nicht, die *Eclogae* und die

Satire und viele andere überragende lateinische Werke, hätte es Gaius Cilnius Maecenas nicht gegeben, den Liebhaber der Kunst und der geöffneten Börse.

Man geht eine Rampe hinunter und befindet sich plötzlich im Großen Speisesaal: Im Hintergrund führen hohe Stufen herab, die einst ein Brunnen waren, mit wertvollem Marmor bedeckt und mit Wasser, das sich über die Worte der Tafelrunde ergoss, über die Lesungen und die poetischen Diskussionen. Es waren alles Epikureer, zumindest glaubten sie an den Frieden und an das ruhige Leben, an die Freundschaft und an eine harmonische Beziehung des Menschen mit dem Kosmos. Hier ist ein Großteil der klassischen römischen Kultur entstanden, bei einem Becher Wein und einem freundlichen Gespräch.

Das einzige Problem ist, dass heute auf einer Seite dieses Saals sich ständig die Betrunkenen erleichtern, die aus den Bänken ihre Akademie gemacht haben. Kümmern wir uns darum, dass aus dem Auditorium des Maecenas nicht das Auditorium des Vespasian wird.

Rom war seit jeher ein sehr starker Anziehungspunkt für all jene, die in der Kunst den Sinn ihres Lebens zu finden hofften: Aus jeder Ecke Italiens und der Welt sind sie herbeigeströmt, und sie kommen immer noch, viele junge Leute, überzeugt davon, hier das richtige Klima und günstige Möglichkeiten zu finden, um ihren Träumen Leben einzuhauchen, sie in Worte umzuformen, in Farben und Töne.

Von Stendhal zu Fellini*, von Ingres zu Pasolini – die Liste nimmt kein Ende, und im Grunde kennen wir nur die, die berühmt geworden sind: Den Genies folgt aber eine Menge minder bedeutender Künstler und wiederum dahinter gibt es eine Menge Junger, die durch die Gleichgültigkeit der Stadt zurückgewiesen wurden oder durch die bittere Entdeckung, dass sie nicht genug

Talent besaßen. Die zukünftigen Künstler haben in kleinen Pensionen, Löchern, Kellern gewohnt, sie haben sich in Trastevere oder in der Via Margutta wiedergefunden, aber nur eine einzige Straße in Rom darf sich Straße der Künstler nennen: eine kleine Querstraße der Via Capo le Case.

Hier hat die Gemeinschaft der Nazarener gehaust, jene jungen deutschen Maler, die es zu Beginn des 19. Jahrhunderts nach Rom führte: Ihnen galten die Erinnerungen an das kaiserliche Rom, an das Rom der Triumphbögen nichts. Sie lebten in einer spirituellen Dimension, Rom war für sie die Christenheit. De Sanctis beschrieb sie folgendermaßen: »Diese Deutschen wurden mit dem Namen Nazarener belegt. Sie pflegten lange Haare und einen geteilten Bart zu tragen. In der Kleidung waren sie nachlässig, und weil sie derbe Schuhe trugen, gab ihnen jemand aus Spaß den Namen ›Scarponi‹. Sie bildeten eine Art Sekte, die als Zweck des Lebens das Studium der Kunst ansah.«

Streng, beinahe mönchisch in ihrer Berufung forderten sie, dass Kunst und Schönheit Stationen in der Annäherung an Gott sein sollten: Sie lebten nur von Gebeten und Farben. Franz Pforr*, vielleicht der inspirierteste unter ihnen, starb mit vierundzwanzig Jahren, Franz Horny* mit sechsundzwanzig, Carl Philipp Fohr* ertrank im Tiber. Wie viele Romantiker verzehrten sie das Leben in Eile. Sie haben uns einige schöne Bilder und eine stille Straße hinterlassen.

Ist die Zeit ein Kavalier oder ein erbarmungsloser Meister der Verschleierung? Können die bedeutenden Künstler beruhigt sein, auch wenn die Meinung der Zeitgenossen sie nicht belohnt, weil ihnen ja die Zukunft gehört? Und wird der, der nichts Besonderes ist, wirklich wie ein Staubkorn vom Putzlappen der Zeit hinweggefegt?

Giorgio De Chirico* schoss sich in seiner superben Autobiographie im Namen einer Rückkehr zur klassischen Malerei weit entfernt von jedem Wagnis unerbittlich auf alle Meister der Avantgarde ein: Unter den ganz wenigen Künstlern, die seine Aufmerksamkeit verdienten, zitierte er Gregorio Sciltian*, einen Maler, der in Armenien geboren wurde und der halb Europa bereiste, bevor er sich endgültig in Rom niederließ. Aber auch der waghalsige und mystische Fontana* hatte Worte der Bewunderung für Sciltian, seiner Meinung nach missverstanden und zu wenig beachtet. Sogar Ojetti* und Longhi* schrieben wohlwollend über diesen Künstler, an den sich niemand mehr erinnert.

Und nun packt einen das Verlangen, seine Werke zu sehen, aber wo? In der Galleria d'arte moderna der Pinacoteca Vaticana gibt es einiges, aber die Gruppe überzeugendster Werke hängt in der Kirche del Sacro Cuore Immacolato di Maria, jenem schmachvollen Koloss, der auf der Piazza Euclide steht.

In der ersten Kapelle links befindet sich eine Taufe Christi, begleitet von sieben Ölbildern mit sieben Riesenengeln, die die Symbole der sieben Sakramente tragen. Man kommt aus dem Staunen nicht mehr heraus, man ist praktisch unfähig, ein ernsthaftes Urteil auszusprechen: Es ist eine anachronistische Malerei, würden wir heute sagen, ein Wiederaufnehmen des Klassizismus im Lichte der Sechzigerjahre, zwischen Caravaggio und Comics, Typus *Intrepido, der Springer* oder *Love Story*, ein magischer Hyperrealismus, starrsinnig und ein wenig lächerlich; hoffen wir, dass Sciltian sich bei diesen Worten nicht im Grab überschlägt.

Die Riesenengel gleichen Miss Ciociara: langes, loses Haar, feste Wangen, verführerische Riesenaugen, so echt, dass sie aus dem Bild steigen und mit den Angestellten der Umgebung an der Bar einen Kaffee trinken könnten. Die Kunstgeschichte hat sie bestraft, ich aber glaube, dass sie einen Besuch und einen Gruß verdienen, damit der grausame Mühlstein der Zeit für einen Moment angehalten wird.

Antonietta Raphaël, in Litauen geboren, hat später in Rom gelebt; sie war mit Mario Mafai verheiratet und mit Scipione befreundet, gemeinsam begründeten sie die Scuola di Via Cavour*; sie war eine Künstlerin, für die die Suche nach der Form immer durch eine tiefe innere Unruhe gestört wurde.

Es genügt, ihre in der Villa Torlonia ausgestellten Figuren zu betrachten, im Garten und im Casino dei Principi, um der dunklen Wolke gewahr zu werden, die auf ihren Figuren lastet, der Beklemmung, die sie bedrückt. Es sind intensive Gestalten, die nach Reinheit streben, denen es aber nicht gelingt, sich vom bedrohlichen Gewicht des Lebens loszulösen: Mütter auf der Flucht, die Kinder an sich gepresst wie ein Bündel, das es zu retten gilt, oder Frauen, die gerade dabei sind, ein Kind zu gebären, die still stehen an der Grenze zwischen Erwartung und Todesangst.

Aber auch die einsamen Figuren erzählen von Kümmernis. Da gibt es immer ein altes Tuch auf dem Kopf, einen zu fest gesteckten Kamm, einen Schopf Haare, die aussehen wie aus Stein: Es sind schwere Gedanken, die den Köpfen zu entsteigen scheinen und eine beklemmende Form annehmen, vielleicht der Sinn einer Geschichte, die Raphaël wie einen schwarzen Schatten vorausahnte, wie ein Gewitter, das gleich auszubrechen droht.

Ihr Leben als Jüdin, als quasi Staatenlose machte sie sensibel für das feindselige Klima, das Europa am Wendepunkt zum Schlachtfeld und der Verfolgung charakterisierte. Ein sterbender Stier, eine Leda, vom Schwan attackiert, eine Frau auf der Flucht aus Sodom: extrem schmerzvolle Vorstellungen, die die Kunst dem grausamen Biss des Leides nicht entreißen kann.

Sie war eine große Künstlerin, die Raphaël, verliebt in das Leben und aus diesem Grund auch immer auf der Hut vor tödlichen Gefahren und dem hinterhältigen Schicksal. Deshalb war sie instinktiv gegen die Rückkehr zur Ordnung und die Flucht in die metaphysische Kunst, die die tonangebenden Kunstrichtungen vor

Beginn des Zweiten Weltkrieges waren. In ihren Arbeiten fühlen wir die Frau, die ihre sensible und fruchtbare Natur verteidigt, aber auch das Ungeheuer, das bereits seinen Schatten auf das Fleisch und auf das Nest wirft.

In der Villa Torlonia betrachten die Kinderwagen schiebenden Frauen diese großen Skulpturen im Grünen und gehen rasch weiter, weil sie intuitiv erahnen, wieviel Wahrheit in diesen starken Müttern steckt, die doch immer im Kampf mit der Angst leben.

Es sind derart bedeutende Werke, dass sie auf die Touristen wie ein Ass wirken, das alle Karten sticht: Sie ziehen alle Aufmerksamkeit auf sich, jeden Blick, und lassen alles, was sie umgibt, in einem Schattenkegel. Das etwa ist der Fall beim *Mosè* Michelangelos in der Kirche San Pietro in Vincoli.

Karawanen ausländischer und italienischer Besucher betreten die Kirche und stellen sich selig und ein klein wenig unbedarft vor dem Kunstwerk auf. Der Führer erzählt alles, was er über das Mausoleum von Julius II. weiß, der hier zusammengekauert auf dem Grabmal sitzt wie ein Alter auf dem heimischen Sofa: Irgendjemand schießt ein Foto, ein anderer kauft eine Ansichtskarte, und dann schwups weiter zum nächsten Ass, das alle Karten sticht.

Und niemand bringt je die Zeit und die Neugier auf, ein wunderschönes Bild zu betrachten, das sich an der rechten Wand befindet, innerhalb der Absperrung um Michelangelos *Mosè*. Es handelt sich um eine *Santa Margherita*, gemalt von Guercino, ein Bildnis von einzigartiger Schönheit: Die Heilige, jung und in Gedanken versunken, gebietet mit einer Geste ihrer Hand einem Drachen, der in der unteren Ecke des Bildes auftaucht, Abstand zu halten. Und vielleicht denkt sie: »Ausgerechnet neben dem *Mosè* von Michelangelo muss ich stehen, so ein Pech …«

Bereits 1935 hat Walter Benjamin in dem Essay *Das Kunstwerk im Zeitalter seiner technischen Reproduzierbarkeit* das Phänomen der Vervielfältigung von Bildern beschrieben: In der modernen Zeit hat kein Werk mehr diese spezielle Aura, die es umgibt und es »einmalig und unwiederholbar« macht »an dem Ort, wo es sich befindet«. Ansichtskarten, Poster, Fotografien, die Werbung wiederholen bis ins Unendliche, Figuren, die einmal eine heilige Kraft ausstrahlten, eine verwirrende Faszination, weil sie nur in einer bestimmten Kirche oder in einem bestimmten Museum in einem präzisen Augenblick des Lebens betrachtet werden konnten. Die Pop-Art hat aus der Reproduzierbarkeit ein Programm gemacht: In der Massengesellschaft kann kein Werk exzeptionell und unwiederholbar existieren, die Bilder werden seriell produziert und verstreuen sich über die Welt, sie werden ganz normale Ware, wie jeder andere Gegenstand auch.

Ein mehr als offensichtliches Beispiel dafür ist das *Sacro Cuore di Gesù* von Pompeo Batoni*, ein Heiligenbildchen, auf das wir an jedem Punkt der Erde stoßen können: auf dem Armaturenbrett eines chilenischen LKW-Fahrers, in einer zwielichtigen Bar auf den Philippinen, in der Küche einer österreichischen Betschwester, in einem Möbelgeschäft in Lissabon, auf dem T-Shirt eines irischen Rock-Gitarristen ... überall. Dennoch muss man anerkennen, dass es ungeachtet seiner universellen Inflation immer noch einen besonderen Effekt hat, wenn man plötzlich vor dem Original steht.

Das Werk des großen Malers aus dem 17. Jahrhundert befindet sich seit jeher in der letzten Kapelle links in der Chiesa del Gesù auf dem gleichnamigen Platz. Es ist in ein dichtes Halbdunkel gehüllt, das, so scheint es, immer noch versucht, seine Authentizität zu verteidigen. Eine gläubige alte Frau betet auf Knien vor Christus, der sein phosphoreszierendes Herz in der Hand hält, seine skandalöse Liebe, ein Tourist zeigt auf das Bild, verwundert oder verwirrt, dass es tatsächlich existiert. Es ist ein kleines Werk in ovaler Form, auf Kupfer gemalt, vollkommen in seiner Unerschöpflichkeit. Seit Jahrhunderten ist es in diesen Winkel der Welt gesperrt, und von hier aus strahlt es in alle Richtungen. Hier fällt der Stein, präzise und notwendig. Von hier aus verbreitern sich die Kreise, so lange, bis sie in den entferntesten Orten ankommen. Wie immer: Rom bleibt einzigartig, der Rest ist eine Ansichtskarte.

Es gibt die großen römischen Plätze, auf denen demonstriert, irgendein Sieg gefeiert wird, wo sich viele Menschen treffen, wo geschaut wird und man zurückschaut, wo man in tausenderlei unterschiedlichen Weisen am kollektiven Leben teilhaben kann. Und dann gibt es da kleine Plätze, kleine ungleichförmige Räume, zwischen einem Palast und einem Park eingezwängt, zwischen einer Kirche und einem Winkel, Örtlichkeiten, die wir gar nicht als Plätze definieren würden, so ungleichmäßig und winzig sind sie. Wir überqueren sie rasch, im Nu sind wir schon über sie hinweg und haben gar nicht bemerkt, dass sie gleich einer Muschel bereit waren, die Perle in einem Augenblick der Ruhe einzuschließen.

Auf San Lorenzo zum Beispiel gibt es einen dieser kleinen Salons unter freiem Himmel, eine geschützte Ecke, wo man sich mit einem Freund treffen kann, mit einer Verlobten, einem Bruder oder auch nur mit sich selbst, neu gewandet, sanft und heiter. Wir sind auf der ruhigen Seite des Viertels, nahe der Universität, fern von den Blitzen und dem Donnern der vielen kleinen Lokale, dem San Lorenzo in Feierstimmung. Die Tiburtina teilt die zwei Zonen wie ein höllischer Fluss: hier das Pandämonium, dort ein ungewisser Limbus.

Nun, man kann mitten auf dem kleinen Platz, der vor der Porta Tiburtina liegt, einem der schönsten Punkte der Mura Aureliane, innehalten, um einen Kaffee oder eine Tisana zu trinken. Zwei hohe, mit Zinnen versehene Türme umrahmen einen Bogen, der schon 5 v. Chr. unter Augustus errichtet wurde, und über den drei Aquädukte führten: l'Aqua Marcia, l'Aqua Iulia und l'Aqua Tepula.

Hier haben sogar die Horden Alarichs aufeinander eingeschlagen, die dann durch die Porta Pinciana in die Stadt vordrangen. Hier besiegte Cola di Rienzo* 1347 die Barone, und hier hat er Stefano Colonna* getötet: Hier hat die Geschichte Sand aufgewirbelt und Blut verspritzt, gebrüllt und Forderungen gestellt, aber jetzt stößt man hier auf eine schöne schattige Stille, eine Bar und ein Restaurant, wo man über die Dummheit des Menschengeschlechts nachdenken kann, über die Unnötigkeit der Gewalt, über die Schönheit dieses Moments, der einem flüchtigen Traum im Herbst gleicht, lauwarm und bald darauf kalt.

Das erste Licht des Tagesanbruchs kündigt an, dass die Weiße Nacht* zu Ende gegangen ist, dass wir nun aus der großen Kirmes heraus sind, der Musik, dem Tanz, den Ausstellungen, aus den vielen Sätzen der Schauspieler, der Schriftsteller und der Menschen, die stundenlang von einer Ecke der Stadt zu einer anderen gereist sind. Nun umhüllt eine seltsame Ruhe Himmel und Erde, die Müllabfuhr sammelt von überall her den Abfall ein, den der Ansturm der Menschenmassen in der Nacht zurückgelassen hat, die Gedanken werden langsamer, ruhiger, kühler.

Auf dem Heimweg erblicken wir unvermutet eine lange Reihe weißer Statuen, gleichgültiger und harmonischer Marmor, Figuren, die man nicht stören kann. Wir sind auf der Viale di Tor di Quinto, kurz hinter der Kaserne, vor der Absperrung der Marmi Line, dem einzigen Platz in Rom, wo man Repliken klassischer Skulpturen herstellt, für den, der sich im Garten oder im Salon eine *Venus* oder einen *David*, die *Drei Grazien* oder *Apoll und Daphne* aufstellen möchte.

Es ist die vornehme Version der Geschäfte unter freiem Himmel, die man früher einmal auf dem Raccordo sah und die noch immer Zwerglein, kapitolinische Wölfinnen und griechische Gottheiten in Reih und Glied entlang der antiken römischen Straßen aufstellen, die sich von Rom entfernen. Die Figuren sind nichts als weißer Gips, bröckelige Unsterbliche, ein »Ich würde ja gern, aber ich kann nicht«. Hier dagegen findet sich geschätzter Marmor aus Carrara, Cipollino, Giallo di Numidia, Porphyr, Rosso antico, Malachit und Lapislazuli.

Seit 1933 stellt die Marmi Line perfekte Kopien alter Meisterwerke her. Vielleicht werden wir nie eine davon erstehen, wir wüssten nicht wohin damit, doch nach der dionysischen Trunkenheit der Nacht ist es schön, Blick und Verstand auf so viel apollinischer Gelassenheit ruhen zu lassen. Büsten der römischen Imperatoren, perfekte Nachahmungen von Werken Berninis und von Michelangelo, kostbare Intarsien, heitere Bewegungslosigkeit: Hier möchten wir den Tag verbringen, für eine Stunde selbst Statue sein, vom Wind glattgeschliffen werden, das Chaos und das Morgen vergessen. Und mit einem Schlag kommen uns diese Verse von Eugenio Montale in den Sinn: »Bene non seppi, fuori dal prodigio / che schiude la divina Indifferenza: / era la statua nella sonnolenza / del meriggio, e la nuvola, e il falco alto levato.«*

Wer sehr früh erwacht, weiß es, er sieht sie im Dunkel der Nacht, das gerade Risse bekommt, er sieht sie und fasst Mut: Die Zeitungskioske öffnen vor dem Morgengrauen, sie gleichen riesigen Laternen, die man auf den Gehsteigen der Straße aufgestellt hat. Rund um diese Lichter wirbelt das erste Leben: Leute, die zur Arbeit gehen und kurz Halt machen, um die Zeitung zu kaufen, lesen die Schlagzeilen und wechseln zwei Sätze mit einem anderen Passanten, während der Kioskbesitzer noch die Zeitungsbündel ordnet, die von Lastwagen abgeladen wurden.

Als ich ein Kind war, waren die Zeitungskioske kleine Häuschen, in denen ein Mann, oft ein Kriegsinvalider, seine ganze Zeit verbrachte: Da gab es Zeitungen, Zeitschriften, die Figurinen der Fußballspieler und das war's. Heute sind sie kulturelle Zentren, unverzichtbar vor allem dort, wo Buchhandlungen fehlen, CD-Stores, Kinos, Theater. Ganze römische Viertel bestehen aus nichts anderem als Häusern und Supermärkten: Und so wird der Zeitungskiosk ein kleiner Tempel des Wissens, ein fundamental wichtiger Bezugspunkt für den, der etwas mehr wissen will, eine CD von Mozart oder Capossela* kaufen möchte, eine DVD von Chaplin oder von Kubrick, ein Buch von Stevenson oder von Camilleri.

Vielleicht wird der Tag kommen, an dem auch die Zeitungskioske nur noch Reliquien sind, an dem alles, aber wirklich alles von einem Laptop heruntergeladen werden kann: Aber ich hoffe, dass dieser Tag nicht morgen sein wird, ich habe mich zu sehr an diese kleinen Vorposten der Zivilisation gewöhnt. Den Zeitungshändler gibt es nicht mehr, nur noch einen Arm, der uns aus dem Schatten die Zeitung herausreicht und das Geld entgegennimmt: Er ist ein verlässlicher Freund, der uns eine neue Buchreihe empfiehlt, der uns auf jedes neue Angebot hinweist, jede neue Zeitungsbeilage.

Es leben also die Zeitungskioske, die in Eis und Hitze, inmitten von Chaos oder von nichts, uns standhaft unsere zuckende Gegenwart und das Bessere aus unserer Vergangenheit offerieren.

Beinah ohne es zu wissen registriert das Auge das übermäßige Angebot an Bildern, das die Stadt immerwährend erzeugt: Häuser, Straßen, Bäume, Geschäftsauslagen und Beton, vor allem aber die Menschen, die eine anonyme Masse scheinen und in Wirklichkeit ein Fluss sind, der sich in tausende kleine Bächlein teilt und sich unentwegt verändert. So macht das Auge in diesem Fluss immer neue Figuren aus, neue Gebärden, neue Möglichkeiten, auf der

Welt zu sein, um sich zu behaupten oder um Widerstand zu leisten. Und eines Tages nimmt auch das Hirn von Veränderungen Notiz, es beginnt nachzudenken.

Schon am frühen Morgen sieht man in den Straßen Roms viele Menschen, die einen Trolley hinter sich herziehen, diese kleinen Koffer auf Rädern. Zuerst habe ich geglaubt, dass sie alle Reisende sind oder Liebespaare, die nach einer Nacht voller Streit in wilder Hast und Wut vier Kleidungsstücke in den Koffer geworfen haben und nun unterwegs sind zu einer neuen Einsamkeit. Aber dann habe ich begriffen, dass das nicht so ist, dass niemand wegmuss.

Meist sind es Schülerinnen und Studentinnen, die ihre Schulbücher und jene für die Universität hinter sich herziehen. Manche sind neue Verarmte, die nach etwas Brauchbarem suchen, um ihrem Tag Sinn zu geben. Aus dem Trolley ragt ein zugespitztes Stück Metall: ihre Harpune. Die Mülltonne ist der Wal. Es handelt sich dabei nicht mehr um die würdigen Pensionisten, die Auge und Hand in die Minen des Mülls warfen, in der Hoffnung, Essensreste auszugraben. Jetzt sind es die, die unseren Überfluss durchsieben, auf der Suche nach miserablem, aber dennoch wertvollem Gold: Sie öffnen den Deckel der Mülltonne und beginnen, sie aufmerksam zu durchstöbern, mit dem Blick den Schlamm vom Goldklumpen zu unterscheiden.

Und endlich beginnt der Fischfang. Mit ihrem hakenförmigen Stück Metall sammeln sie vom dunklen Grund alte Kleider, irgendwelche Bruchstücke, Ramsch, der immer noch zu verkaufen ist. Es sind vor allem Immigranten, Menschen, für die das, was wir nicht mehr wertschätzen, immer noch von hohem Wert sein kann. Sie spießen die Beute auf, holen sie aus der Tonne und häufen sie auf das Wägelchen. Und nun setzt eine geheimnisvolle Ökonomie ein. Mülltonne um Mülltonne bergen sie das grässliche Zeug, putzen es und setzen es in irgendeiner Art wieder in Umlauf. Wir werfen alles weg, sie werden alles retten. Wir vernichten die Ware, sie sind ihre verzweifelten Erlöser.

Die große Reiterstatue des Marc Aurel ist eines der schönsten Symbole Roms: Der Herrscher hat einen Arm erhoben, beschützt seine Welt, er hat eine eindrucksvolle und dennoch schüchterne Miene, triumphierend und weise. Er ist ein Mann, der vom Leben alles oder beinah alles erhalten hat: die Macht, den Ruhm, aber auch das Wissen, dass alles vergänglich ist.

In jedem römischen Haus sollte eine Kopie seiner *Selbstbetrachtungen* stehen, eine Reihe kurzer und strenger Reflexionen, eine Art von *Tao Te King*, aber fragiler und ernüchternder, in denen wir die ewige Seele der Stadt wiederfinden können. »Ausdrücke, die einst gang und gäbe waren, sind jetzt veraltet. So sind auch die Namen von Männern, die einst weltberühmt waren, jetzt gewissermaßen veraltete Wörter ... Denn alles ist vergänglich; und bald weiß nur noch die Sage davon. Und bald ist es völlig vergessen ... Was ist denn überhaupt ein ›ewiges Andenken‹! Ein leerer Schall! Was gibt es da, worauf man überhaupt ernstes Bemühen verwenden sollte? Nur dies eine: eine gerechte Gesinnung und Taten der Menschenliebe und eine Rede, die niemals lügt, und eine Gemütsverfassung, die alles, was geschieht, als notwendig, als ganz vertraut, als Ausfluß eines solchen Untergrundes, solchen Urquells begrüßt.«*

Kein Dünkel also, bloß der Versuch, korrekt zu leben, das Beste zu geben, einen gewissen Abstand zu halten. Das ist der typische Blick der Römer, die sich im Grunde durch nichts verführen lassen und vom schwankenden Schicksal enttäuscht sind. Vielleicht rührt es daher, dass die Statue des Marc Aurel ein Geheimnis birgt: die kleine Eule, die man auf dem Schopf der Mähne sehen kann, direkt zwischen den Ohren des Pferdes.

Die Legende erzählt, dass die Eule, sobald die Statue ganz aus

Gold sein würde, als Symbol des Endes aller Zeiten fortfliegen wird. Die Macht des Kaisers umfasst auch seinen Abstieg, der Tag birgt die Nacht, das Glück weiß, dass es nicht für immer ist. Darin sind die Römer Spezialisten: Sie wissen, dass nichts von ewiger Dauer ist, dass es nichts bringt, sich grundlos für irgendetwas zu begeistern, weil wir ja doch nur vorübergehende Gäste des Lebens sind und dankbar.

Die Welt scheint heute in der Hand der Ökonomie zu liegen, mit internationalen Manövern, von denen man nichts versteht, mit Entscheidungen, die in den allerhöchsten Wolkenkratzern getroffen werden, von wo aus die Banker gleichgültig das Leben betrachten, ein Problem bloß für die winzigen Ameisen, die sich da unten hastig abrackern.

Wer heute einfach arbeitet, macht sich ärmer, wer jeden Tag mit seinem Karren unterwegs ist, hat den Eindruck, dass ihm irgendjemand die Räder wegzieht. Deshalb wäre es schön, wenn die großen ökonomischen Entscheidungen für eine Woche nicht in der Wall Street oder in der City getroffen würden, sondern in der Via Poggio Mirteto, einer kleinen Querstraße der Viale Somalia. Das ist eine kleine Straße, die nichts Besonderes hat, ein Einschnitt zwischen anonymen Wohnblöcken, eine Schlucht in der Stadt, die nie ein Tourist fotografieren wird. Und doch sollte man genau hier, auf dem schmalen Gehsteig, über die bedeutendsten Entscheidungen nachdenken, und nicht vor dem Bildschirm eines Computers. Es handelt sich nämlich um die Straße der Kunsthandwerker, der Menschen, die die Realität wirklich verändern und durch eigene Mühe und eigene Geschicklichkeit verbessern.

Es gibt hier mindestens vier Tischler, die sägen und hobeln, ausbessern und produzieren, aber auch einen Tapezierer und einen Schmied, der in seiner blitzerhellten Werkstatt dem Gott Vulkan gleicht. Keine Bank, kein virtueller Reichtum: Hier fließt das Geld gemeinsam mit dem Schweiß, hier gibt es nur Menschen, deren Hände gut mit dem Hirn verknüpft sind.

Ja, es wäre schön, wenn die Wirtschaftsminister und die großen Banker der Welt in ihre blauen Autos steigen und ihren Chauffeuren auftragen würden, sie schnell in die Via Poggio Mirteto zu bringen, weil dort bodenständige Menschen arbeiten, die wissen, wie man die Dinge herstellt, dass sie von Bestand sind, was sie kosten und wieviel sie einbringen. Denn wir haben Bedarf an Ernsthaftigkeit und Liebe zur Arbeit, an Menschen, die uns angesichts einer schwankenden Realität mit wenigen Worten garantieren, dass man sie noch reparieren kann: Es genügt zu wissen, wo man einen Nagel einschlägt.

Das Bäckerhandwerk ist eines der mühevollsten und nobelsten Gewerbe: Die ganze Nacht Wasser mit Mehl zu vermengen, Pagnotte* zu formen, in den Ofen zu schieben, sich in einem heißen Dunst aufzuhalten, während die Stadt schläft. Ich kenne einen Bäcker, der mir gestanden hat, nicht mehr zu wissen, wie die Welt funktioniert, weil er sie in einer anderen Zeit sieht und denkt, für ihn sei sie bleich wie der Mond und vielleicht sei das falsch. Er geht schlafen, wenn das Leben der anderen sich zu regen beginnt, und er steht auf, wenn für die anderen die Stunde der Ruhe herrscht. Eine auf den Kopf gestellte Existenz, aus Mehl und Schweigen gemacht, aus Geduld und Eile, in Einsamkeit und Kälte, auf dem Gehsteig gerauchten Zigaretten und aus Kohlenglut und aufflammender Hitze, die die Gedanken auflöst. Hin und wieder klopft jemand an, aufgekratzte, junge Leute, die aus einer Disko kommen, irgendein gutmütiger Nachtwächter, einer aus dem unruhigen Volk der Schlaflosen, und verlangt ein Cornetto, eine Rosetta*, hundert Gramm Pizza bianca*. Nichts weiter. Jahrelange Arbeit für die Welt, aber außerhalb der Welt.

Und vielleicht denkt jeder römische Bäcker, wie schön es wäre, wenn alles zu Ende ist, ein Grabmal wie das des Eurysaces und seiner Gemahlin Atistia zu haben, beladen mit den Symbolen eines mühsamen, aber notwendigen Berufs. Dieses Grabmal steht neben der Porta Maggiore und wurde 1838 entdeckt, als Papst Gregor XVI. die beiden Verteidigungstürme abtragen ließ, die hier seit Jahrhunderten gestanden hatten. Dabei stieß man auf dieses bizarre Grabmonument, das nun im Blickfeld aller Autofahrer ist, die vor der Ampel stehen bleiben. Die Öffnungen auf jeder Seite sind originale architektonische Elemente. Sie sehen aus wie kleine Öfen, in Wirklichkeit sind sie von der Größe eines Scheffels, das heißt eines Getreidespeichers. Es ist ein imposantes Grabmal, das ganz Rom an eine Sache erinnern möchte: Um zu leben, braucht man Liebe, Phantasie, vor allem aber braucht man warmes Brot, das man Tag für Tag, an jedem gesegneten Morgen genießen kann.

»C'è un'ape che si posa / su un bottone de rosa: / lo succhia e se ne va. / Tutto sommato, la felicità / è una piccola cosa.«* Diese Verse lesen wir auf dem Grabmal des Trilussa, auf dem Verano-Friedhof, dem Friedhof, der von den Franzosen nach dem Edikt von Saint-Cloud 1804 geschaffen wurde, das es verbot, die Verstorbenen in den Kirchen zu begraben und sie außerhalb der Stadt verbringen hieß.

Jeden zweiten November wehrt sich etwas in uns: Der Besuch unserer Toten gilt uns immer als schwieriges Unterfangen, wir haben Bedenken, Furcht zu bekommen. Aber dann, welch Überraschung: eine Stunde, die unter den hohen Zypressen heiter vergeht, zwischen den kleinen Wegen voll steinerner Engel, voll trauriger oder tröstlicher Grabinschriften, voll endgültigen Marmors.

Es wäre wirklich eine gute Idee, unseren Toten Blumen zu bringen; vielleicht werden sie sich dessen nicht bewusst, vielleicht sind sie inzwischen *nihilum in nihilo*, wie man auf jedem Stein liest. Aber das schließt nicht aus, dass unsere Welle, immer noch hoch im Vergleich zu denen, die vom Meer bereits verschluckt wurden und jenen, die morgen aufsteigen werden, das richtige Maß findet. Alles erscheint uns einfacher und viel klarer, die Spannungen lösen sich plötzlich, jedes Ding ordnet sich einer genauen Rangordnung unter.

Ein Spaziergang auf dem Verano-Friedhof ist ideal, um unseren anstrengenden Tagen Sinn und Richtung zu geben. Wir sehen das im Marmor eingravierte Profil von einem, der seit Jahrzehnten zu Staub zerfallen ist, wir lächeln angesichts der Selbstgefälligkeit von einem anderen, der auch als Toter nicht davon ablässt, sich mit Titeln zu schmücken, die nichts mehr bedeuten, wir meditieren vor gewissen Existenzen, denen weniger als ein Hauch gewährt wurde. Und dann finden wir das Familiengrab, und die Namen unserer Teuren erwecken Erinnerungen, die uns ans Herz rühren. Alles vergeht so rasch wie der Flug der Biene bei Trilussa, und deshalb sollte man nicht einen Tag vergeuden, nicht eine Stunde.

»Dormono, dormono sulla collina« sang Fabrizio De André mit seiner tiefen und schmachtenden Stimme vor vielen Jahren in dem Song, der seine schönste CD eröffnete: *Non al denaro non all'amore né al cielo*. Der Hügel in diesem Lied ist der von Spoon River, an dem die einfachen Leute ausruhen, wie das Edgar Lee Masters* erzählt. Aber auch Rom hat seinen Hügel, wo man sich beim Nachsinnieren unentwegt verirrt, weil in einem Friedhof kein Weg richtiger als der andere ist: Dieser Hügel ist der Pincetto, und bereits der Name lässt lächeln und träumen, mit der sehr römischen Fähigkeit, das Erhabene und das Alltägliche zusammenzuhalten, die Tragödie und die Fopperei.

Der Pincetto ist die höchste Erhebung im Verano-Friedhof, und er ist ein heiterer Ort, an dem man zwischen den zur Ruhe gekommenen Wellen der Vergangenheit angenehm spazieren gehen kann, zwischen Marmorsteinen, unter denen Geschichten und Gesichter bewahrt sind, die beinahe nichts mehr bedeuten, dafür aber perfekt dazu geeignet sind, unsere Gedanken aus der Zeit herauszuleiten. Der Pincetto ist der achte Hügel Roms: Von ihm aus sieht man besonders weit, über die äußerste Möglichkeit des Blicks hinaus. Man spaziert zwischen neoklassizistischen Kapellen – einige sind sehr gut gepflegt, andere seit Jahrzehnten in Verfall begriffen –, zwischen den gemalten Gesichtern von Männern und Frauen, zwischen hochtrabenden Phrasen, die auch ein wenig lächerlich sind, die das exemplarische Leben von Gran Cavalieri, Madri Amorose, Spose Radiose und Bimbi Angelicati preisen. Es gibt den, der auch im Jenseits ein angeberischer Advokat oder Ingenieur sein möchte, und den, der bereits mit zwanzig verstorben ist und uns von einer alten Fotografie zulächelt.

Alles vergeht, aber irgendetwas bleibt, hier, auf dem Pincetto: diese Traurigkeit, die uns das Leben besser verstehen und lieben lehrt.

Die Kirchen Roms quellen über vor Grabmälern: Der Tod ist ein ständiger Gast auf den Gräbern aus Marmor, die vor den Kirchenwänden zu finden sind, er ist gut sichtbar, um uns daran zu erinnern, wo alles enden wird. Kahle oder geflügelte Schädel, traurige Engel gegenüber der Pforte zum Jenseits oder zum Nichts, Frauenfiguren, die die verschiedenen göttlichen Tugenden symbolisieren: ein richtiger Apparat von Bildern, die uns zu den letzten Gedanken führen, die uns mit einer gewissen Traurigkeit erfüllen, die uns aber auch auffordern, zu bedenken, dass das Leben kurz und nicht für unnützen Tand zu verschwenden ist, für leere Ambitionen oder sinnlosen Hochmut.

Unter den vielen Gräbern gibt es solche, die besonders sind, die den üblichen Trauerrequisiten fast unerklärbare Details hinzufügen. Zum Beispiel kann man in San Marcello al Corso an der inneren Seite der Fassade links über das Grabmal des Kardinals Giovanni Michiel und seines Neffen, des Bischofs Antonio Orso nachdenken, die so angeordnet sind wie bei einem richtigen Stockbett, der eine über dem anderen. Was uns an diesem Grabmal auffällt, das von Sansovino* mit großer Eleganz entworfen wurde, sind die unglaublichen Bücherstapel unter der Grabstätte des völlig unbekannten Bischofs.

Ich glaube, dass das einzigartig auf der Welt ist: Der Mensch findet die ewige Ruhe, indem er über einer Menge von Büchern schläft, die in den Marmor gehauen sind. Sie sind gestapelt, so gut es geht, sortiert nach Buchdeckeln und nach Größe, sie sind nach vorne gerückt oder nach hinten verschoben, und sie lassen uns über die große Liebe des humanistischen Bischofs für die Kultur nachdenken; sie hat ihn wohl auch dorthin begleitet, wo Lesen vielleicht nicht mehr viel bringt.

Sie sind wertvolle Freunde, die Bücher, sie leisten uns Gesellschaft, auch wenn alles uns verlassen zu haben scheint, sie sind zur Hand, wenn wir einander besser verstehen möchten, irgendetwas besser begreifen möchten. In einer Epoche wie der unseren, in der es die Zeit zum Lesen und den Kopf zum genaueren Nachdenken nicht mehr gibt, stellt sich uns bei diesem so besonderen Grabmal die Frage, welche Bücher wir wohl auf eine verlassene Insel mitnehmen würden, und welche über die Schwelle des Lebens.

Vielleicht würden zehn genügen, und es werden diese zehn sein, die uns helfen. Denn Bücher sind ein Glück, ein Talisman, ein Passierschein.

»All'ombra dei cipressi e dentro l'urne / confortate dal pianto, è forse il sonno / della morte men duro?«*, fragte Foscolo* den Freund Pindemonte in einem der berühmtesten Gedichte der italienischen Literatur. »Involve tutte cose l'oblio nella sua notte«, seufzte der große Ugo. In Wirklichkeit, aber das wissen die tüchtigen Studenten natürlich, schweifte er ab: Auch wenn wir Materie sind, die sich auflöst, auch wenn Seele und Himmel nicht existieren, bleibt uns immer noch die »corrispondenza d'amorosi sensi«, dieses Auf und Ab der Gefühle zwischen dem Grab und dem, der es aufsucht, um sich zu erinnern und um Kraft zu tanken, um heroisch voranzuschreiten.

Wer nicht an das Jenseits glaubt, kann eine verblüffende Überraschung erleben, die ihn in einer kleinen Seitenauslage des geschlossenen Kinos *Holiday* erwartet. An der Fensterscheibe wird garantiert, dass es »Begräbniszeremonien« geben wird, »Einäscherungen, internationale Begräbnisse, Friedhofsarchitekturen«, und dazu die Telefonnummer, unter der man anrufen und sich vormerken lassen kann.

Hinter dem Fenster erblickt man einen kleinen Leichenwagen, der von zwei schwarzen Pferden gezogen wird, mit ebenso vielen Kutschern auf Kutschböcken. Und es gibt Aschenurnen und andere nützliche Geräte für die Zeremonie. Aber links oben, siehe da, liest man die Beschreibung der großen Versuchung: »Die denkbar wertvollste Erinnerung an Eure Lieben. Ein Diamant, geschaffen aus dem Kohlenstoff von Haarlocken oder aus einem Teil der Asche einer geliebten Person. Die Essenz dessen, was wir lieben, kann in einem Diamant von unschätzbarem Wert eingeschlossen sein, der Euch bis in die Ewigkeit begleiten wird …« Da ist auch eine Fotografie des Edelsteins, blaues Prisma, funkelndes Grabmal: die letzte Verwandlung des Großvaters, die extreme Metamorphose des Geliebten. Man bleibt angesichts dieser spektakulären Bestattung mit offenem Mund stehen. Wer weiß, was Foscolo dazu sagen würde. »All'ombra dei cipressi o in un brillocco, è forse il sonno della morte men sciocco?«*

»Auf den Tod. Kann Tod Schlaf sein, wenn Leben Traum nur ist / Und Szenen Glücks ziehn als Phantom vorbei? / Flüchtige Lust vergeht wie Traumgesicht, / Und doch scheint Sterben uns die größte Pein.« So schrieb John Keats* in einem seiner ersten Gedichte, vielleicht schon in der Ahnung, dass sein Leben kurz sein würde, bereits mit dem wehmütigen Blick von einem, der bald Abschied nehmen muss. Und vielleicht wiederholte er diese Verse, als er die Piazza di Spagna aus den Fenstern des Hauses betrachtete, in dem er die letzten vier Monate seines Lebens wohnte.

Bright Star, Jane Campions* Film von 2009, beschreibt auf eindringliche Weise die geheimen Hoffnungen Keats auf seiner Reise in den Süden, einem neuen Frühling entgegen. Er war gerade fünfundzwanzig, und der Tod klopfte bereits an seine Tür: Die Schwindsucht hatte seine Lungen zerstört.

»Oh Dichtung: Für dich halte ich meine Feder, / der ich noch ein ruhmvoller Bewohner / deines weiten Himmels bin ...« Wie die besten romantischen Dichter fühlte Keats, dass nur die Poesie das Geheimnis der Welt enthüllen und die wilde Kraft des Nordens und die Harmonie des Südens vereinigen könne, den Wind und die Sonne, die Liebe und das Maß. Aber der Tod hat ihn aufgehalten und in eine Kiste gesperrt; er liegt auf dem Protestantischen Friedhof neben der Cestius-Pyramide.

Es ist schön, diese Wohnung zu besuchen, das Zimmer, in dem er seine letzten Tage verbracht hat: Das Museum scheint ein Tempel, der in der Luftströmung schwebt, eine Blase, abgehoben vom Chaos des Platzes. Hier hat die Fondazione Keats e Shelley ihren Sitz. Auch dieser andere große romantische englische Dichter hat nur für kurze Zeit in unserer Stadt gelebt und ist dann beim Baden vor der ligurischen Küste ertrunken.

Sie waren Knaben, erträumten sich ein vornehmes Leben, prall und ereignisreich, verliebt, und zum Teil haben sie das ja gehabt:

Wir können es in ihren Versen wiederfinden und ein wenig auch im ewigen Halbschatten eines kleinen römischen Appartements.

Die Welt der Reliquien ist mir zuwider: Ich glaube, dass auch die religiösesten Menschen einen gewissen Ekel vor Haarlocken, Nägeln, Totenschädeln, Gliedern oder sonstigen Resten aus dem Leben und aus dem Körper der Heiligen empfinden müssten. Im Grunde handelt es sich um peinliche organische oder anorganische Rudimente, die nichts dazu beitragen, was einige Menschen Gutes auf Erden getan haben. Ein Oberschenkel in einem Reliquiar aus Kristall sollte keine Ehrerbietung erhalten.

Die einzige Reliquie, die mir poetisch erscheint, findet sich in der Chiesetta del Domine Quo Vadis auf der Via Appia. Erinnert Ihr Euch an den Vorfall? Petrus, aus dem Kerker befreit, will Rom verlassen und trifft auf der Straße Jesus. »Quo vadis, Domine?«, »Wohin gehst du, Herr?«, fragte er erschrocken. Und die Antwort lautete: »Venio Romam, iterum crucifige.« Was so viel heißt wie: »Ich komme nach Rom, um von Neuem gekreuzigt zu werden.« Petrus nimmt daraufhin sein Schicksal an und kehrt um, ein grausames Martyrium zu erleiden. Diese Episode wird in dem Buch von Henryk Sienkiewicz erzählt und in dem berühmten Film von Mervyn LeRoy, einem kolossalen Schinken aus dem Jahr 1951, den wir alle in den Sälen der Pfarreien gesehen haben.

Wenige allerdings wissen, dass der Name dieser kleinen Kirche Santa Maria in Palmis ist, und die namensgebenden Palmen sind nicht die Bäume, sondern die Fußsohlen von Jesus. Im Zentrum des Kirchenschiffs kann man auch tatsächlich die Fußabdrücke von Jesus sehen, die er der Legende nach auf den Steinen der Appia Antica hinterlassen hat. Irgendjemand hat sie sogar abgemessen: Es scheint, dass sie der Schuhgröße 44 oder 45 entsprechen, einer äußerst bemerkenswerten Größe für diese Zeit.

Hier ist der Sohn Gottes also aufgetreten: Und dann ist er wie ein Gespenst im Himmel Roms verschwunden.

Jedes Mal, wenn die Nachricht vom Tod eines italienischen Soldaten eintrifft, erfasst uns Beklemmung: Wir verstehen nicht, wie es möglich ist, dass ein junger Mensch in einem Augenblick alles verliert, dass sein Leben sich in Nichts auflöst, dass es für ihn keine Zukunft geben wird, weder Liebe noch Freunde noch schöne Augenblicke. Eine Bombe, ein Gewehrschuss, eine Mine, und das Licht verlöscht für immer. Aber wie ist das möglich, wie ist es dazu gekommen, wie ist der Krieg?

Ich glaube, dass jeder von uns, geboren und aufgewachsen in Friedenszeit, sich nur mühsam vorstellen kann, wie diese absurde Gewalt wirklich ist, diese tragischerweise menschliche Ungerechtigkeit. Wir müssen uns das im Kino erarbeiten, mit dem Wissen, dass die Bilder, die von der Filmleinwand in unsere Augen fallen, nicht echt sind, dass diese Toten Schauspieler sind und dass diese Grausamkeiten einer von Ausstattern und Regisseuren einstudierten Logik folgen.

Was mich anbelangt, so war es für mich von Kind auf die erbarmungslose und kalte Darstellung des Krieges auf den Reliefs, die an den beiden Brückenpfeilern der Ponte Duca d'Aosta vor dem Foro Italico zu sehen sind. Das sind Reliefs, die von den Wechselfällen der italienischen Soldaten im Ersten Weltkrieg berichten. Vielleicht haben sie einen rühmenden Wert, sie mussten den Heroismus unserer Truppen zeigen, die zunächst am Piave eingesetzt waren und dann bei der Rückeroberung der Gebiete. Aber für mich strahlen sie die Starrheit des Todes aus, die besser als jeder amerikanische Film die grausamen Augenblicke einfrieren, in denen sich in der Schlacht das Schicksal zusammenballt und die Jugend der Welt erstickt. Man sieht erdrückte Soldaten, Bajonette, Gewehre, einen unentwirrbaren Knoten aus Siegern und Besiegten, Leben, die durch den Krieg vernichtet werden. Die Brücke hat eine moderne Eleganz, eine einzige lichte Weite, die von einem Ufer zum anderen springt; aber nun schlagen sich von beiden Seiten keine Männer mehr durch, niedergerissen von der blinden Wut des Todes.

Ich überquere die Brücke und denke mit Schmerz an den, der an diesem Tag stirbt, weit entfernt von zuhause, so weit entfernt von jeder Gnade.

Die Architektur zwischen den beiden Kriegen trägt den rationalistischen Stempel und lässt uns dadurch auf den ersten Blick ein Bauwerk erkennen, das in diesen Jahren entworfen wurde: präzise Linien, gut entworfene Räume, Einfachheit des Stils, gemischt mit manchem kühnen Zug, wohlüberlegtes Gleichgewicht zwischen den Formen und Heraufbeschwören der klassischen Schönheit. Es gibt aber Ausnahmen, Gebäude des Regimes, die Rhetorik aus den Mauern schwitzen, als wären sie bloß dazu da, die Macht des Faschismus zu verkünden. Ein Beispiel dafür ist die Casa Madre dei Mutilati e delle Vedove di Guerra, entworfen von Marcello Piacentini, dem Architekten, der den Größenwahn Mussolinis am besten dargestellt hat.

Dazu wendet man sich linksherum zum Lungotevere: Die massive und reizlose kleine Burg steht wie ein tölpelhafter Bruder neben dem Wunder des Castel Sant'Angelo. Eingeweiht wurde sie durch den Duce am 4. November 1928, am zehnten Jahrestag des Sieges im Großen Krieg. Im Innenhof gibt es halb verblichene Fresken, die die italienischen Schlachten darstellen, dazu jede Menge kleiner Landkarten und militärischer Erklärungen: Bainsizza und Gorizia, den Piave und Vittorio Veneto, und dann die Unternehmungen in Äthiopien und in Somalia. Scheinbar großartige Unternehmungen, die allerdings eine erschreckend hohe Anzahl an Toten und Versehrten verursachten. All das wird Seite an Seite zur Schau gestellt: die absurde Verherrlichung des Krieges, typisch für die faschistische Kultur, und Beine oder Armstümpfe von tausenden Unglücklichen, die nichts zu feiern hatten. Mitten im Zentrum dieses kleinen Kriegstheaters gibt es ein Relief aus den Fünfzigerjahren, das an das Martyrium von acht Kriegsversehrten in den Fosse Ardeatine* erinnert: Avorio, Saccottelli, Bussi, De Grenet, Zaccagnini, Fantagone, Fondi, Simoni, zweimal von faschistischer Brutalität getroffen: zuerst in fernen Kriegen zu Krüppeln gemacht und dann gnadenlos getötet.

»Concussus surgo, Gemendo germinat, Percossa vivit« kann man rund um das Gebäude lesen. Aber diese acht Helden haben sich mühsam erhoben, um dann für immer zu fallen.

Es sind kühne Konstruktionen, riesige Pilze aus Stahlbeton, die mitten in der Stadt wachsen, moderne und primitive Totempfähle, die den Ruhm und den Wert des Wassers besingen, des höchsten Gutes, ohne das es nichts gäbe. Sie sind Wolken, die auf Masten und Stahlgerüsten ruhen, um den Regen und den Fluss der Quellen zu bewahren und zu schützen. Sie sind Konstruktionen des 20. Jahrhunderts, manchmal waghalsig in den Formen, rational und doch phantasievoll. Sie sind Speicher, die unseren Blick fesseln. Ich glaube, dass der größere Teil davon keine Funktion mehr ausübt. Und doch bleiben sie, auch wenn sie den Bereich der Nützlichkeit verlassen haben, noch Bestandteil der Schönheit der Metropole.

Neben der Tangenziale etwa, auf Höhe der Auffahrt zur Palmiro Togliatti, können wir, während der übliche Megastau uns aufhält, einen dieser Riesen bewundern. Er wirkt wie eine außerirdische Kreatur, mit diesem dicken Schädel und den riesig langen Tatzen, zum Großteil von einer Vegetation bedeckt, die sich anschickt, den Himmel zu erklettern. Darunter sind Zwergenhäuschen, Schrebergärten, Baracken, Schrottplätze und Züge, die eilig in die Ciociaria und nach Neapel unterwegs sind. Der Wasserspeicher ist so groß und überwältigend, dass er das winzige Leben tatsächlich zu beschützen oder zu bedrohen scheint.

Aber auch auf der Bufalotta gibt es einen Wasserspeicher, der den Blick auf sich zieht, dadurch, dass seine Form so fremd ist, als wäre er aus dem Gleichgewicht geraten, wie ein Haus, das, vom Wind bewegt, inmitten der Wolken errichtet wurde. Auf den alten Märkten der Viale Ostiense dagegen stehen drei Wasserbehälter, die von den Römern dieses Viertels zärtlich »i tre gioielli« genannt werden, als wären sie wertvolle Steine, vom Himmel eingefasst.

Kurz, Rom ist voll von diesen seltsamen Türmen, keiner gleicht dem anderen und alle ziehen sie die Blicke auf sich. Für einen Moment lassen sie uns an die Götter des Regens denken, an unseren ewigen Durst.

Auch der Pilz der EUR wurde als Wasserspeicher geplant: Er konnte bis zu 2500 Kubikmeter fassen, für den Brandschutz in diesem Viertel und zur Bewässerung der kleinen Wiesen dort. Zwischen 1957 und 1959 errichtet, wurde er sofort zu einem Bezugspunkt der Stadt: als Ort für Treffpunkte, als Leuchtturm für die Reisenden, als Turm zur Verteidigung des Nichts.

Acht Pilaster tragen sehr elegant das inzwischen ausgetrocknete Becken und schufen ein für die Welt einzigartiges Monument, fünfzig Meter Beton und Melancholie. Fellini, der die EUR sehr geliebt hat, würde gerührt sein, den Fungo heute zu sehen: Er scheint wie das Raumschiff aus *Achteinhalb*, eine irreale Konstruktion, bereit, abzuheben und doch erbarmungslos auf dem Boden der Wünsche und der Enttäuschungen festgekettet. Es sieht aus, als würde sich da unten von einem Moment auf den anderen dieses Karussell aus Lebenden und Toten zu drehen beginnen, was wohl das schönste Ende der Filmgeschichte bleibt.

Auf seinem Gipfel wurde mehrmals ein Restaurant eröffnet und wieder geschlossen: Der erste Betreiber war tatsächlich Mario del Monaco*, der große Tenor. Heute nennt es sich *Il Fungo Quattordicesimo Piano*, der »Pilz des vierzehnten Stockwerks«, als wären die anderen dreizehn Stockwerke unter ihm von Gespenstern bewohnt. Und doch sollte man zumindest einmal im Leben dort oben speisen: Es ist eine wunderschöne Erfahrung, man meint, in den Himmel über der Stadt entrückt zu sein, während die Gabel Spaghetti aufrollt und sich das Glas mit frischem Wein füllt. Aus den großen Panoramafenstern sieht man das ganze umliegende Gebiet und darüber hinaus: die Cristoforo Colombo, von Autos wimmelnd, Rom, das sich aufbaut und zerstört, das Meer vor Ostia, das in der Ferne funkelt.

Auf dem Plateau des Pilzes berühren wir für einen Moment die Sterne, dann steigen wir zur Straße hinunter, und es scheint, als würde uns die Welt mit Zuneigung begegnen, fast mit Neid.

Wir leben in einer Zeit der verschwimmenden Grenzen, der artistischen Verflechtungen, des Verrückens von Sinn, der ideologischen und der sexuellen Neuorientierungen. Eine Zeit, in der nichts mehr das zu sein scheint, was es war, hat anderseits wiederum etwas Gutes: Es ist das Leben, das sich vermischt und erneuert, es sind Verlobungen und Hochzeiten zwischen fernen Dingen und Gedanken, die ganz plötzlich eine Affinität herstellen. In einer Bar finden wir eine Buchhandlung, auf einer Jazz-CD erklingt eine alte Volksweise, aus den Parolen eines rechten Politikers lugen die Köpfe linker Positionen und viceversa. Und dann sind da die Einkaufszentren, in denen die Waren nebeneinander stehen und sich gleichzeitig Konkurrenz machen. Restaurants mit Spielplätzen für Kinder. Kurzum: Heute kocht alles in einem Riesentopf.

Aber hin und wieder erfasst uns Sehnsucht nach etwas, das sich klar und deutlich von allem anderen abhebt, das sich als das präsentiert, was es ist, nicht mehr und nicht weniger, ohne Anspruch auf mysteriöse Vereinigungen.

Deshalb empfinde ich ein seltsames Wohlbefinden, wenn ich in die Via Peresio bei Torre Spaccata komme, wo ein kleines Haus steht, das ein perfekter Kubus von drei Metern Länge ist, abgetrennt vom Rest, am Rand der Straße wie ein Prellbock auf der Fahrt in die Klarheit. Auf der Stirnseite steht: *Il barbiere* und auf der anderen *Barber Shop*, falls da jemand von weither vorbeikommen sollte, der unsere Sprache nicht spricht. An einer Ecke dreht sich unmissverständlich der blaue Haarkranz der Barbiere der Vergangenheit, diese unendliche Spirale. Es wirkt, als habe man ein Buch der Grundschule vor sich, das unschuldige ABC der Kindheit, in dem wir, präzise und einfach gezeichnet, dem Papierdrachen, dem Ball, der Blume begegnet waren; Bilder und Wörter, die aufeinandertrafen und sich ohne irgendeinen Zweifel erklärten. Es überkommt einen der Wunsch, einzutreten und sich den Bart fassonieren zu lassen, die Haare und unsere zerrauften Gedanken.

Gian Lorenzo Bernini starb am 28. November 1680: Er war zweiundachtzig Jahre alt, seit langem krank, und wusste, dass sein Ende nahte. Aber er hatte die Zeit, seine Kinder zu umarmen, und so verließ er die Erde gefasst. Sein ganzes Leben hindurch hatte er die Welt durch seine Werke erstaunt: Es hätte kein Barock gegeben ohne die grenzenlose Phantasie dieses Genies der Architektur, der Kunst der Bildhauerei, seiner visionären Kraft. Er verwandelte den Marmor in zarte Lorbeerblättchen, er kräuselte und rollte ein und aus, verwarf das Gleichgewicht und stellte es wieder her.

Es gab keine Unternehmung, die er als unmöglich zurückgewiesen hätte: Er eröffnete die imposanten Kolonnaden vor Sankt Peter, den Wald der Säulenschäfte, perfekt in Reih und Glied aufgestellt und gekrümmt, er wölbte die majestätischen Figuren der Flüsse auf dem Brunnen der Piazza Navona, schuf die Grabmäler für die Päpste Urban VIII. und Alexander VII., beinah eine Herausforderung der Finsternis des Todes, als könnte auch die letzte Pforte immer noch eine Verführung zum Staunen sein. Kurz, Bernini wollte, dass das Leben eine fortwährende Überraschung sei, dass sich nichts melancholisch an das graue Ufer der Mittelmäßigkeit setzen sollte. Er schwebte auf der Schaukel seiner Kunst zwischen dem Heiligen und dem Profanen, zwischen Engeln und Tritonen, überzeugt davon, dass sich Staunen sowohl aus dem Himmel als auch aus der Erde ziehen ließe. Das Leben ist traurig, wenn wir es nicht ein bisschen in Schwung bringen.

In der Nähe des Todes angekommen, wollte er für sich kein erstaunliches Grabdenkmal: nur einen flachen Stein, an eine Stufe der Basilika Santa Maria Maggiore gelehnt. Eine einfache Grabstätte, kahl, arm. »Ioannes Laurentius Bernini decus artium et urbis hic humiliter quiescit.« Für andere schuf er einen verblüffenden Zirkus. Für sich selbst wollte er bloß eine bescheidene Steinplatte, einen Deckel ins Jenseits.

Er wusste von Anbeginn an, dass es keinen Sinn ergibt, Pfauenräder zu schlagen, dass wir nichts sind: Aber er wusste auch, dass dieses Nichts ein wunderbar schöner Pfau sein kann, solange es Künstler gibt, die ihn nähren.

In der Via XX. Settembre stehen Bernini und Borromini* nebeneinander, rivalisierende und einander verachtende Genies, Architekten jener beiden Meisterwerke, die Sant'Andrea al Quirinale und San Carlino alle Quattro Fontane heißen.

Bernini war geliebt, verhätschelt, von Päpsten und hohen Herren protegiert, Borromini hatte ein tausendmal qualvolleres Leben, er arbeitete immer unter Anstrengung und endete tragisch durch die eigene Hand. »Von hohem Wuchs, schön anzuschauen, starke und robuste Gliedmaßen, ein starkes Gemüt und voll hoher und vornehmer Gedanken«, so beschrieb ihn Francesco Baldinucci, sein erster Biograph. Aber er fügte auch hinzu, »dass er sehr unter einem melancholischen Humor zu leiden hatte, aufgrund welcher Krankheit er, verbunden mit ewigem Nachbrüten über seine Kunst, mit dem Fortschreiten der Zeit in ein unentwegtes Denken versank, vor dem Gespräch mit anderen Männern floh, das Haus nicht mehr verließ, mit nichts anderem mehr beschäftigt war als dem steten Kreisen seiner quälenden Gedanken.«

In der Sakristei von San Carlino finden wir ein Bildnis, von dem viele behaupten, es sei ein Werk Borrominis, auf dem wir endlich das Antlitz des Künstlers sehen. Während Bernini sich mehrmals malte, und das immer mit scharfem Blick, dem dreieckigen Gesicht eines Wolfes, dem lebhaften und intelligenten Ausdruck dessen, der sich in der Welt zu bewegen versteht, erscheint uns Borromini hier in all seiner tiefen Depression, das weiche Gesicht, das trübe Auge, der herabhängende Lippenbart um die Bitterkeit seines Mundes: Die tiefe Verzweiflung des Künstlers zeigt sich in jedem seiner Züge. Um sich hat er die Werkzeuge seiner Zunft – Kompasse, Winkeldreieck, durcheinandergeworfene Bücher –, aber über allem herrscht sein Zerwürfnis mit der Welt.

Er war in Rom guter Dinge und von seinem Talent überzeugt eingetroffen, er verließ es durchbohrt vom eigenen Degen. Er hat uns die allerschönsten und gewagtesten Werke des Barock hinterlassen, und auch dieses kleine Bild, Porträt aussichtsloser Qual.

Auf der Via Flaminia gibt es eines der poetischsten Geschäfte der Stadt, das sich früher in der Via Magnanapoli befand: die *Clinica della Bambola*.

Dieses Geschäft gibt es seit 1939: Damals arbeitete hier ein außergewöhnlich guter Kunsthandwerker, der Schaukelpferde herstellte. 1951 stieg dann aus Rocca di Papa die Familie Cenciarelli herunter und begann mit der Fabrikation von kleinen Puppen, und seit 1987 treffen wir hier den Signor Cesaretti und seine Frau.

Die Arbeit ist immer die gleiche: Puppen verkaufen und Puppen im kleinen Krankenhaus reparieren. Hier werden die rundlichen Beine und Arme in Ordnung gebracht und zusammengeklebt, die zerbrochenen Köpfe werden mit unendlicher Geduld und Geschicklichkeit wieder zusammengesetzt.

Für die, die in Anbetracht des Films *Chucky – Die Mörderpuppe* zittern, kann das ein beunruhigender Ort sein: Dutzende Puppen aus Keramik, Bakelit oder Papiermaché beobachten uns, wie sie da auf den Regalen sitzen, blond und braun, mit aufgerissenen Augen und starrem Lächeln.

Ich aber empfinde enorme Sympathie für dieses kleine Geschäftslokal aus anderen Zeiten. Hier landen immer noch Großmütter und kleine Mädchen, die zerbrochenen Puppen unter dem Arm, und glauben an ein Wunder. Hier ist die Logik des »usa e getta«* noch nicht vorgedrungen, hier tut man alles, um das kaputtgegangene Spielzeug wieder zu reparieren. Hier lässt die Macht des Geldes immer noch der Zerbrechlichkeit eines Märchens den Vortritt.

Rasch ein Blitzableiter, um die tödliche elektrische Spannung einzufangen und unschädlich zu machen, die sich über der Stadt entladen, das Licht löschen und alles in Asche verwandeln könnte, was an Gutem in den letzten Jahrhunderten gemacht wurde!

Abgesehen von der Metapher muss man an einen der frühen Blitzableiter erinnern, den Papst Pius VI. 1789 auf dem Dach des Quirinalspalastes installieren ließ. Nur ein paar Jahrzehnte früher, 1752, hatte Benjamin Franklin* endlich die richtige Antwort auf den Giove Pluvio*, der immer mit den Blitzen in der Hand dargestellt wurde, bereit, alles, was sich unter ihm befand, zu treffen.

In Windeseile rüsteten sich nun alle Häuser im Zentrum wie vorgeschrieben mit Blitzableitern aus, um dem Alptraum der Blitze zu entkommen; aber einer gab sich nicht damit zufrieden, auf sein Dach einen x-beliebigen Stab zu stellen.

Am Ende des 19. Jahrhunderts wurde auf dem Palast an der Piazza Indipendenza, die an die Via dei Mille angrenzt, ein »künstlerischer Blitzableiter« montiert, den man heute noch bewundern kann. Der metallene Stab ist einem kleinen geflügelten Wesen eingetrieben, einem kleinen Engel, wenn wir uns an unsere barocke Tradition halten wollen. In Wirklichkeit handelt es sich um eine Kopie des *Genio di Franklin* von Giulio Monteverde*, einer schulmeisterlichen Synthese aus Himmel und Erde, aus Devotion und Wissenschaft, in perfektem Einklang mit der positivistischen Kultur des 20. Jahrhunderts. Das kleine fliegende Wesen umschließt mit seinen Fingern einen Blitz: Es hat ihn gerade gefangen genommen, als wäre er eine weißglühende Schlange, hat ihn außer Kraft gesetzt und macht sich nun daran, ihn über der Erde zu entladen.

Das ist eine schöne Vermählung zwischen Kunst und Funktionalität, eines von vielen nutzlosen Dingen, die aber das Leben viel sympathischer machen: »E cielo e terra si mostrò qual era: / la terra ansante, livida, in sussulto; / il cielo ingombro, tragico, disfatto« schrieb Pascoli in dem kurzen und angsterfüllten Gedicht *Il lampo**. Hoffen wir, dass die nächsten Blitze eine Stadt enthüllen, stark und ernst, die weiß, wie man sich gegen das Schlechte verteidigt. Und hoffen wir, dass jeder von uns auf seinem Haus und in seinem Kopf den richtigen Blitzableiter hat.

Nie fühle ich mich so weit von Rom entfernt wie dann, wenn ich in einer anonymen Bar am Morgen zum Kaffee ein Cornetto bestelle, und von der anderen Seite des Tresens einen verwirrten Blick erhasche. »Möchten Sie was Süßes?«, fragt mich der Cameriere, »ein Croissant?« Und ich möchte antworten: »Nein, glauben Sie mir, ich will wirklich ein Cornetto, eins von denen, die noch lauwarm sind, ohne irgendeine Füllung, weder Marmelade noch Creme. Ich möchte diese kleine Portion Glück, die es in Rom einem jeden erlaubt, in aller Ruhe auf Touren zu kommen, um für den Weg in den Tag gewappnet zu sein.« Aber ich möchte nicht kompliziert erscheinen und nehme »das Süße«, das Herz voll von Nostalgie.

Wenn das Cornetto am frühen Morgen Lebenskraft verleiht, wird es zu später Stunde reines Essvergnügen, purer Genuss. Nach einem Kinobesuch und ausführlichem Palavern mit den Freunden, wenn man so lange wach war, dass man die wenigen Stunden, die für den Schlaf übrig bleiben, an den Fingern einer Hand abzählen kann, passiert es schon, dass man, um alles mit Bravour abzuschließen, jede Verantwortung und jede Schuld mit einer einzigen, freien, sanften, abenteuerlustigen Geste von sich weist. Und so unterbreitet man den Gefährten nach Mitternacht den ultimativen Vorschlag: »Was meint Ihr, gönnen wir uns ein schönes, warmes Cornetto?« Es passiert so gut wie nie, dass jemals einer ablehnt. Es ist beinahe unmöglich, dieser Versuchung zu widerstehen. Am nächsten Tag kann das fürs Leben entscheidende Treffen sein, ein Flugzeug in Fiumicino um 8.10 Uhr, eine wichtige Versammlung, macht alles nichts: Sofort bricht man zu der Suche nach dem höchsten Genuss auf.

Jeder hat seine bevorzugte Adresse, einen Bäckerladen in einer Vorstadtstraße, eine winzige Bar am anderen Ende der Stadt. Lange Zeit war das Nonplusultra *Er montacarichi* in Pietralata, wozu man wie die Carbonari* in den dritten Stock steigen musste. Heutzutage hält man Kurs auf die Bar *Romoli* in der Viale Eritrea oder auf das *Cornetto notte* in der Viale Palmiro Togliatti. Man beißt in das erste Entzücken und kann nicht mehr damit aufhören, man vergisst alle guten Vorsätze für Diät und gesundes Leben.

Mit dem Cornetto im Mund, an die Motorhaube eines Autos gelehnt, brummelt man die letzten Wahrheiten der Nacht, endgültige Worte, die niemand versteht.

Die Plätze und die Straßen Roms erzählen von den Ereignissen um Kaiser und Päpste, von Tyrannen und Helden, die in den Schulbüchern stehen, aber in Wirklichkeit hat jede kleine Querstraße eine Geschichte zu erzählen, die nur dem bekannt ist, der dort wohnt, und vielleicht nicht einmal dem. Es sind ganz kleine Vorkommnisse, die die Physiognomie der Welt nicht verwandelt haben. Und dennoch wäre es schön, wenn es in jedem Gässlein eine Tafel gäbe, um an eine große Liebe zu erinnern, die genau hier geboren wurde, an eine Messerstecherei, die aus Wut entstanden ist, oder an eine geschäftliche Unternehmung, die in dieser Ecke gewachsen ist und heute noch immer existiert.

Zum Beispiel gibt es in der Via dei Podesti im Flaminio-Viertel, einer Straße wie tausende andere auch, so eine Tafel, die die Erinnerung an einen außergewöhnlichen Vorfall festhält: »Pierfranco Vitozzi gerettet durch Domenico Ferri / durch das Eingreifen der heiligen Rita / während er aus dem sechsten Stock fiel / erinnert alle daran / was die menschliche Frömmigkeit vermag / wenn sie durch den Glauben gefestigt wird. Rom, 17.12.1946«.

An jenem fernen Morgen geschah das Wunder. Ein Kind lehnte sich aus einem Fenster ganz hoch oben und fiel hinunter wie ein Stein. Wer weiß, was seine Augen gesehen haben, welche Gedanken sein reines Hirn durchliefen: das Grau des Bürgersteigs, der ihm entgegensprang, die Angst, auf dem Asphalt aufzuschlagen wie ein Ei. Aber da unten verstand ein Mann im Flug – das ist hier das richtige Wort – die Situation und streckte die Arme aus, um diesen Spatz aufzufangen, der aus dem Nest gefallen war. Es geschah alles in einem Augenblick: der Sturz, die Intuition, die Rettung. Domenico Ferri brach sich beide Arme, aber der kleine Pierfranco entging einem schrecklichen Ende, und er lebt noch heute, um von diesem Fall und diesem glücklichen Auffangen zu erzählen.

Und die Tafel ist da: Wer vorbeikommt, liest sie und ist zufrieden, zu wissen, dass dann und wann eine Geschichte gut endet, wie im Märchen.

Manchmal stelle ich mir vor, wie die riesenhohen Statuen im Stadio dei Marmi von ihren Sockeln steigen und sich auf den Weg in die Straßen der Stadt machen. Die Athleten, Boxer und Bogenschützen, Ruderer und Ringkämpfer würden zu allen sagen: »Avanti, non vi abbattete, tirate fuori tutta la vostra energia!«* Oder vielleicht würde es auch schon genügen, sie vorbeigehen zu sehen, stumme und mächtige Halbgötter, muskulöser Marmor, um den nötigen Antrieb wiederzufinden, dieser missratenen Zeit entgegenzutreten.

Diese herkulischen Gestalten sind die Krönung des Stadions, das von dem Architekten Del Debbio* ab 1927 entworfen und 1932 eröffnet wurde: Da stehen sie, blendend weiß und abwesend, um einen metaphysischen Raum zu schaffen, um sich an der Sonne zu wärmen. Es war eine Idee von Renato Ricci, dem Präsidenten der Opera Balilla: Jede italienische Provinz musste Geldmittel für den Bildhauer bereitstellen, der den Entwurf verwirklichen sollte, und für die Werkstätten, die, ausgehend vom Modell, die echte und wahrhaftige Statue produzieren sollten. Jede Skulptur sollte eine italienische Provinz repräsentieren, dergestalt, dass sich die ganze Nation mit nacktem Oberkörper rund um einen Sportplatz vereinigen würde.

Nicht alle Statuen sind schön, einige sind nur Hampelmänner in Unterhosen. Aber es gibt auch bemerkenswerte, vor allem jene, die von richtigen Künstlern erdacht wurden wie etwa von Francesco Messina* oder Libero Andreotti*. Die, die ich bevorzuge, sind

Werke von Silvio Canevari*, der zu jung starb, um seine Arbeit fertig und aufgestellt zu sehen. An dem Ruderer und dem Boxer, postiert im Inneren der Nischen an der Rückseite der Accademia di Educazione Fisica auf der höchsten Stelle der Rampe, die zum Stadion hinunterführt, sieht man zum Beispiel Kraft und Schönheit, es gibt den Verocchio* und den neuen Klassizismus des 20. Jahrhunderts. Auch die bronzenen Gruppen der Ringer von Aroldo Bellini* schwitzen die Energie aus, die uns jeden Morgen ein wenig fehlt.

Und so stellen wir sie uns also unterwegs in Rom vor, vielleicht in ganz Italien, diese Statuen, die uns Mut geben und uns zur Einigkeit aufrufen, jede in ihrem Dialekt.

Tage des Feinstaubs, der kranken Luft und des Regens, der nicht herabfällt, um den Himmel über Rom zu reinigen. Tage, an denen man plötzlich auf seinen Atem achtet, auf die Gesundheit, die von etwas Unsichtbarem bedroht ist.

Sooft ich an der Kreuzung zwischen der Via XX. Settembre und der Via Quattro Fontane vorbeikomme, auf diesem Übergang, von dem aus man die Obelisken von Santa Maria Maggiore sieht, von Trinità de' Monti und dem Quirinal, einem Hügel, wo sich die Luft nicht säubert, wo der Verkehrsstau seine Gifte konzentriert, fällt mein Blick auf die vier Statuen, wie sie da ausgestreckt in den Nischen liegen. Es scheint, dass sie zu Ende des 16. Jahrhunderts nach Zeichnungen von Domenico Fontana* und Pietro da Cortona* realisiert wurden: Es gibt zwei bärtige Figuren, die den Tiber und den Arno repräsentieren, und zwei weibliche, in denen wir Diana und Juno erkennen sollen, die Treue und die Kraft. Wie die Statue des *Mosè* auf dem Largo Santa Susanna wurden sie von Sixtus V. in Auftrag gegeben, um auf die neue Abzweigung des Aquedotto Alessandrino hinzuweisen, die bis hierher geleitet wurde, um den Durst der trockenen Viertel zu stillen.

Ich glaube, dass nie jemand von diesen ziemlich plumpen Statuen beeindruckt war, wie sie da armselig in alle Ecken der Kreuzung hineingeknallt wurden: Ein jeder denkt – und zwar heute viel mehr als früher –, wie schmutzig sie doch sind von dem Smog, dem sie jeden Tag ausgesetzt sind. Ganz sicher gibt es präzisere Messstellen, dazu imstande, jedes Milligramm der Widerlichkeiten, die wir einatmen, anzuzeigen, aber diese Statuen beeindrucken, weil sie immer wieder gereinigt wurden und jedes Mal noch schneller vom Schwarz bedeckt sind. Sie sehen aus wie vier eingeteerte Lungen, vier durch die Luft Roms schwammig gewordene und durchtränkte Hohlräume, vier Tumore im Atem der Stadt.

Wir gehen vorbei und es scheint uns, als würden uns diese Statuen bedeuten, anderswohin atmen zu gehen, aufs Land, an das Ufer des Meeres. Weil das Leben hier nur ein hässlicher Hustenanfall ist.

Belli und Trilussa sind am selben Tag gestorben, am 21. Dezember, der eine 1863 und der andere 1950. Die Denkmäler, die an sie erinnern, stehen nur wenige hundert Meter voneinander entfernt: Beeindruckender ist das für Belli am Beginn der Viale Trastevere, viel bescheidener das für Trilussa, auf dem Platz vor dem Ponte Sisto, der ihm gewidmet ist.

Die Statue Bellis wurde 1913 dank einer Spendenaktion der Römer von dem Bildhauer Michele Tripisciano geschaffen: Den Zylinder auf dem Kopf und in der vornehmen Kleidung eines päpstlichen Funktionärs hat seine Gestalt etwas zu Förmliches, es scheint, als wolle er – wie er das sein Leben hindurch tat – seine schwungvollste, viel grimmigere Tätigkeit verstecken, die unendlichen Verse, mit denen er von seinen Leiden, von der Fröhlichkeit und dem Zynismus des Volks von Rom erzählte. Trilussa dagegen ist »lo sderenato«, der Erschöpfte, wie die Römer die Statue von Lorenzo Ferri* umbenannten, die ihn zerstreut, verkrümmt und ohne Beine darstellt. Die berühmte Eleganz dieses Mannes, der beinahe zwei Meter maß, verkümmert hier zu einer plumpen, pseudovolkstümlichen Skulptur.

Ich weiß nicht warum, aber jedes Mal, wenn ich am Lungotevere vorbeikomme und zuerst den Trilussa und dann den Belli sehe, stelle ich mir vor, wie sie beide in der Nacht von ihren Postamenten steigen und gemeinsam durch die Stadt streifen: Vielleicht schiebt Belli den Rollstuhl des verkrüppelten Trilussa, und sie sprechen über Rom, wie es war, sie vergleichen es mit dem heutigen Rom, ein wenig wundern sie sich, aber nicht einmal sehr, weil die Dichter Bescheid wissen über die menschlichen Schwächen und auch darüber, dass alles sich ändert und im Grunde doch gleich bleibt. »Poi viè l'arte, er digiuno, la fatica / la pigione, le carcere, er governo, / lo spedale, li debbiti, la fica, / er zol d'estate, la neve d'inverno … / E per urtimo, Iddio ce benedica, / viè la morte, e finisce co l'inferno«*, rezitiert Belli, und Trilussa hört ihm bewundernd zu, auch wenn er eine weniger bittere Vision vom Leben hat.

Sie drehen eine Runde, sie trinken sich durch die Nacht und im Morgengrauen verabschieden sie sich und kehren auf ihre unbeweglichen Sockel zurück.

Die Dinge ändern sich mit der Zeit, vielleicht, weil wir einen Schritt weitergehen, wir sind anders und anders ist unser Blick. So bin ich für viele Jahre an der großartigen Figurengruppe vorbeigegangen, die am Eingang der Viale Carlo Felice steht, in San Giovanni, indem ich nur flüchtige und zerstreute Blicke auf sie warf. Mir erschien sie als ausgesprochen missglücktes Werk, mit diesem steifen heiligen Franziskus mit erhobenen Armen und einem ungeordneten Haufen Schülern hinter sich. Es war ein reiner Ort für Verabredungen, ein reiner Hinweis auf die Straße. »Se beccamo sotto ar santo alle sette e mezza.«* – Und damit Schluss.

Die Statue steht seit 1927 dort, siebenhundert Jahre nach dem Tod des heiligen Franziskus: Sie wurde mit wenig wohlgefälligem Schwung von dem Bildhauer Giuseppe Tonnini* realisiert und dem konvulsivischen Verkehr an der Kreuzung ausgesetzt.

Plötzlich aber kommt es mir so vor, als hätte er eine neue Bedeutung, die seine künstlerische Armseligkeit beschwingt übertrifft: Jetzt sieht es aus, als habe dieser Riese mit den erhobenen Armen tatsächlich etwas, an das er uns erinnern will, Worte und Gesten, die wir dringend brauchen. Seit Bergoglio Papst geworden ist und, als erster in der Geschichte der Kirche den Namen Francesco angenommen hat und nicht nur den Namen, sondern auch seine Haltung gegenüber den Armen, den Marginalisierten, den Ausgeschlossenen, hat diese Statue eine Kraft gewonnen, die sie vormals nicht besessen hat.

Es macht nichts, dass sie so plump, so wenig elegant ist und dass die Gruppe der hinter ihr drängenden Franziskanermönche sie noch schwerfälliger erscheinen lässt. Jetzt ist etwas anderes wichtig: der Aufruf zur Einfachheit, zur essentiellen Bedeutung der Liebe zu den Menschen, für die Natur, für das Leben in jeder Form. Es ist, als hätten die Worte des Papstes der Statue den Wert zurückgegeben, den die Kunst ihr vorenthalten hat. Sie stellt kein Meisterwerk dar, richtig, sie wird auch keine Seite in der Geschichte einnehmen, aber das tut nichts zur Sache. Diese ziemlich hässliche Statue lässt uns an die schönsten Dinge denken, und das ist es, was zählt.

Amleto Cataldi*, wer war das? Die Zeit vergeht in Windeseile und radiert mitleidlos Personen und Namen aus, die durchaus einen Augenblick des Ruhms hatten, die für einen Tag oder für zwanzig Jahre auf der Bühne der Geschichte standen, die jetzt aber nicht einmal mehr in der Abstellkammer für Scheuerlappen zu finden sind.

Cataldi, 1882 in Roccasecca geboren, war ein in den Zwanzigerjahren des 20. Jahrhunderts bekannter Bildhauer, der immer zwischen der Nachahmung des klassizistischen Stils und dem Jugendstil schwankte: Nach dem Ersten Weltkrieg erhielt er viele Aufträge für Denkmäler von Gefallenen, zum Beispiel für die Fiamme Gialle di Largo XXI. Aprile. Auch der gehobene Mittelstand verlangte Büsten und hübsche kleine Statuetten, die man im Salon aufstellen konnte: Und Amleto, nicht vom geringsten Zweifel geplagt, arbeitete ehrlich, um alle zufrieden zu stellen.

1927 schuf er seine Hauptwerke, vier Gruppen kräftiger Athleten, die aber in ihrer sportiven Übertreibung grotesk wirkten, wie eine Vorwegnahme der Riesenpuppen von Botero. Sie wurden auf der höchsten Erhebung des Stadio Nazionale aufgestellt, und dann, als dieses niedergerissen wurde, um an seiner Stelle das Stadio Flaminio zu errichten, brutal von ihren Sockeln gestürzt und in irgendeinem Magazin der Stadtverwaltung vergessen.

In den Sechzigerjahren hat sich jemand an diese übergewichtigen Kolosse erinnert, und so landeten die vier Gruppen – Boxer, Läufer, Fußballer und Ringer – in den kleinen Parks des Villaggio Olimpico, da und dort aufgestellt. Ein seltsamer Aussatz, der die Bronze überzog, hatte ihre Glieder zerfressen, aber jetzt erscheinen sie von Neuem in ihrer gewaltigen Sympathie, groß und fett, schwer und doch leicht in der Grazie des Sports und der Kunst.

Sie verdienen zweifellos einen Platz in der Geschichte der italienischen Bildhauerkunst des 20. Jahrhunderts, sie sind das richtige Beispiel für eine kultivierte und gleichzeitig volkstümliche Kunst, sie gefallen den Besuchern des Auditoriums und den Kindern des Viertels. Niemand erinnert sich mehr an Amleto Cataldi, ich aber glaube, dass alle Zuneigung für seine perfekten Dickerchen hegen.

Ein kleines Loch, diese Insel ist nur ein kleines Loch. Und doch hat sie besonderen Charme, weil sie gewissermaßen Rom mit dem ganzen Planeten verbindet.

Dazu muss man auf den Pincio gehen und die Büste von Padre Angelo Secchi* suchen, die sich, nachdenklich der Stadt zugewandt, nahe der Casina Valadier befindet. Diese Büste wurde 1878 von einem gewissen Giuseppe Prinzi* gestaltet, und es scheint, dass sie diesem Wissenschaftler, Astronomen und Meteorologen ziemlich ähnlich ist.

Angelo Secchi hatte vor allem Philosophie und Theologie studiert, begeisterte sich aber dann, in Amerika, wo er 1848 ankam, für Fragen über den Himmel, der nicht mehr als Sitz der Engel und des Göttlichen verstanden wurde. Zurück in Rom wurde er, begleitet von vielen Polemiken, die auf sein mangelndes Wissen hinwiesen, zum Direktor des Osservatorio del Collegio Romano ernannt.

Hier setzte er sich für äußerst ernsthafte Nachforschungen über die Vorhersagen des Wetters und für den Magnetismus ein, wollte aber auch die Position Roms in Bezug auf die Meridiane der Erde untersuchen, um präzise die Mittagszeit zu schlagen. So richtete er vom Collegio Romano aus in Richtung Pincio ein Fernrohr auf ein Schachbrett, das über einem Baum angebracht war. Sogar in der Nacht kontrollierte er, ob das »Ziel« ruhig und sicher sei, dass keine irdische Umdrehung es verrücke, indem er zwei Zuaven* beauftragte, eine erleuchtete Laterne hinter einem Spalt des Baumes hochzuhalten.

Später wurde das weiß und schwarze kleine Brett auf einer Säule angebracht, und schlussendlich war sie ein integrierter Teil der Büste für Angelo Secchi. Tatsächlich erscheint unter seinem schönen und intelligenten Schädel ein kleines Mosaik und noch weiter unten das Loch, durch das, wenn ich es recht verstanden habe, der Meridian von Rom durchgeht.

Die Unachtsamkeit, der Staub, die Zeit sind dabei, dieses kleine Loch zu verstopfen. Aber wir erinnern uns inzwischen daran, versetzen uns in den Faden der Erinnerung, der, wie ein Meridian, unsichtbar ist, der uns aber als Teil eines Ganzen fühlen lässt.

Ich dachte, dass es eine Legende der Großstadt sei, dabei ist es reine und einfache Wirklichkeit: Wenn man in der Garbatella spazieren geht, kann es mitunter geschehen, dass man – aber wann? und warum? – auf dem Bürgersteig nichts weniger als – einen Pfau – trifft.

Er ist für sich allein unterwegs und wenig geneigt, sich zu produzieren und ein Schauspiel zu bieten, indem er das himmlische Rad seiner Federn öffnet, die, um ehrlich zu sein, schon ein bisschen zerzaust sind. Und manchmal verlässt er die Straße, um auf ein Gittertor zu flattern oder auf ein Bäumchen, um die Welt von oben zu betrachten. Seit der Antike ist der Pfau das Symbol für Reinheit und Würde: Die Griechen stellten sich vor, dass sein Fleisch unverweslich, dass er unsterblich sei, und die Perser beteten ihn an, weil sein juwelenbesetztes Rad für sie die himmlische Schönheit des Firmaments darstellte. Und mit der Ankunft des Christentums ist auch der Pfau glanzvoll in Rom eingezogen.

In den Katakomben trifft man oft sein Bild; gemeinsam mit dem des Lamms, der Taube und des Hirsches erreicht er eine spirituelle Dimension. Der Pfau, den man manchmal mit dem Phönix verwechselt, ist ein Symbol für Christus und für das Leben, das sich in der göttlichen Kraft erneuert. Es ist die Einfachheit, die sich in einem Augenblick öffnet, es ist die Erde, die dem Himmel begegnet. In den romanischen Kirchen stößt man nicht selten auf das Bild des eucharistischen Kelches, aus dem zwei Pfaue trinken, bereit, sich durch das Blut Christi zu erneuern. Kurz, der Pfau ist ein Huhn mit einem erhabenen Schicksal, ein plumper und doch heiliger Vogel, der das Firmament mit sich trägt.

Wer weiß, warum er jetzt in den kleinen Gassen der Garbatella flaniert: Im Viertel erzählt man sich, dass diese besonderen Vögel früher sieben waren, dann drei, und dann zwei, bis ein einziger übrig geblieben ist, ein wenig alt, ein wenig hinkend, aber immer dazu bereit, sich seinen kleinen Spaziergang und seine kurzen Flüge zu gönnen.

Weihnachten macht die Straßen verrückt: Heute heißt das Kassenbons, funkelnde Weihnachtskarten, Päckchen, die unter den Baum geworfen werden. Aber wer diesen seltsamen Vogel trifft, für den ist Weihnachten vielleicht doch noch ein Wunder, Leben, das wieder geboren wird, Ergriffenheit und Staunen der Kindheit.

Manche Namen üben einen unverzüglichen Reiz aus, nehmen unsere Aufmerksamkeit im Nu in Beschlag und bringen uns dazu, uns Geschichten auszudenken, über jene zarte Linie der Worte hinaus zu reisen, nach fernen Wahrheiten, aufwühlenden Lügen, abenteuerlichen Ländern. Dafür denken Schriftsteller, Musiker und Filmregisseure unentwegt an die Titel ihrer Werke: weil sie für viele Menschen die Pforte sein werden, und deshalb muss man aufmerksam sein und darauf achten, dass sie nicht hinter einem Riegel falscher Worte weggesperrt werden.

Eines Tages fuhr ich auf der Vespa über die Prenestina, und plötzlich wurden meine Augen von einem Schriftzug angezogen: *L'hotel delle cose*. Was für ein metaphysischer Schwindel, welche Entfesselung der Gedanken! *L'hotel delle cose*: als hätten unsere Dinge ein wirkliches Leben, würden durch die Stadt reisen und hätten das Bedürfnis verspürt, sich für eine Nacht auszuruhen oder für ein Monat zu schlafen, bevor sie nach Hause zurückkehren …

In Wahrheit handelt es sich um ein immens großes Lagerhaus, bemalt wie der aufgeblähte Tresor von Dagobert Duck und in viele Räume unterteilt, ein Quadratmeter, zehn oder hundert, wo man Dinge zurücklassen kann, von denen man nicht mehr weiß, wohin damit. Hier landen die traurigen Möbel von dem, der geschieden wurde, ganze Bibliotheken, auch solche mit fünfzehntausend Bänden, die in der Wohnung keinen Platz mehr fanden. Und riesige Briefmarkensammlungen, elektrische Eisenbahnen, saisonabhängige Kleidung, wertvolle Sammlungen von Zeitschriften und Comics, Fahrräder, Skier, alte Motorräder, die die Welt umrundet haben, und unbrauchbare Hochzeitsgeschenke.

Und schon ist eine Legende geboren: Man erzählt, dass auch Papa Ratzinger, als er von seiner Ernennung erfahren hatte, in großer Eile sein Appartement verlassen musste und seine Möbel genau hierher hat bringen lassen, ins *Hotel delle cose*, das Hotel der parallelen Leben, der geparkten Träume. Das Hotel der vergangenen Tage, die still darauf warten, wieder ans Licht zu kommen, noch einmal zum Leben zu erwachen.

Diese Tage der Kindheit, als die Zeit sich nicht bewegte und alles perfekt war; diese Spielsachen, die einen ganzen Winter ausgefüllt haben, diese Zinnsoldaten, auf dem Parkett aufgereiht, dieser Ball, der tausendmal an die Wand geworfen wurde; dieses Mädchen in der Schule, mit den langen blonden Haaren und den dunklen Augen, das in eine andere Stadt zog, das wir also nie wiedergesehen haben; und diese andere Wunderschöne, der wir auf dem Campo de' Fiori begegnet waren, die mysteriöse Geschichten erzählte und dann für immer hinter einer Ecke verschwand; und dieser Filmclub, in dem wir die Abende unserer Jugend verbracht haben; diese unendlichen Diskussionen, die wir auf der kleinen Mauer sitzend führten, als wir dachten, alles vom Leben verstanden zu haben; und jener Professor, der uns Dante so gut erklärt hatte, der die Verse unter dem aufmerksamen Schweigen der Klasse vortrug und aus unserem Leben mit einem

Hustenanfall verschwunden ist; jener Freund, mit dem zusammen wir uns vorstellten, nach Afrika zu reisen, mit dem wir uns nie in die Haare geraten waren und den wir dann niemals wieder gesehen haben; der leicht verrückte Onkel, der uns zum ersten Mal zu einem Konzert mitgenommen hat und der zu jung gestorben ist; und dieses Buch von Rilke, von vorne bis hinten mit Unterstreichungen versehen, dieses Buch, das wir vor vielen Jahren im Zug vergessen haben; diese Schallplatte von Coltrane und die andere, absolut seltene, von Nick Drake, die wir verliehen und niemals wiederbekommen haben; all die Schlüssel und Schirme, die wir verloren haben; die Örtlichkeiten, die wir vergessen haben, die Menschen, die wir entlang des Weges verlassen haben, diese Stunden, die für immer verbraucht sind, diese verlorenen Küsse, die Häuser, in denen wir gelebt haben und in die wir niemals zurückgekehrt sind ...

An all das denken wir beim Betrachten des Denkmals für den Riesenalk, das in der Via Aldrovandi steht, vor dem Museo di Zoologia. Der Riesenalk war eine Art komischer Pinguin, der auf Grönland lebte und seit 1844 ausgestorben ist: Heute ist das Denkmal das traurige Symbol für alle verschwundenen Tiere, für alle durch unsere Schuld verloren gegangenen Dinge, aus Zerstreutheit, aus Lieblosigkeit.

Die Via Lago Tana ist eine sehr ruhige anonyme Querstraße der Viale Libia, ein komplett afrikanisches Viertel, das unter den Vierteln des Mittelstandes das am meisten heruntergekommene ist: wenig Raum, aneinandergedrängte hohe Wohnburgen, ein unerträglicher Verkehr. Und dennoch war diese Straße, die gar nichts Besonderes an sich hat, zu Ende der Sechzigerjahre die wichtigste in Rom, die am meisten geliebt wurde!

Die Abendausgabe einer Zeitung schrieb einige Jahre hindurch einen Wettbewerb für die am schönsten weihnachtlich geschmückte Straße aus; und die Menschen schickten, weil das damals viel einfacher war und sie mit großer Hingabe am Stadtleben teilnahmen, jeden Tag tausende Wahlzettel. Auf den ersten Plätzen lösten einander die berühmtesten Straßen ab, die Straßen des Zentrums, die vor Festbeleuchtung und Girlanden nur so glitzerten, von eigens dafür erdachten Erfindungen und Wundern: Via Frattina, Via dei Condotti, Via Borgognona, und weiter Via Cola di Rienzo, Via Nazionale, Via Sistina ... Das war ein Aufeinanderprallen von edelsteinübersäten Titanen und prunkvoll aufgezäumten Vollblutpferden.

Wer weiß, ob sich jemand noch an diesen vorweihnachtlichen Wettbewerb erinnert, der den Stolz der Stadtbezirke und Viertel entflammte. Ich war damals ein Kind und habe jeden Abend auf meinen Vater gewartet, um in den Zeitungen zu lesen, was sich in der Rangordnung verschoben hatte, wer vorne lag, wer an Punkten verloren hatte. Es war ein aufregendes Kopf-an-Kopf-Rennen, das sich jedes Mal erst im Zielfoto entschied. Es klingt unglaublich, aber drei Jahre hindurch gewann wahrhaftig die Via Tana, diese kleine und heute düstere Straße, für eine Verkaufsstraße wenig befahren. Und doch erschien sie zu dieser Zeit als auf die Erde herabgeholte Milchstraße, ein Rausch an Lichtern, der die Phantasie der Großen und der Kleinen entzündete.

Alles geht vorbei, und die Erinnerungen verblassen, aber für mich bleibt die Via Lago Tana, zumindest während der Feiertage, die Königin der Straßen. Auch wenn sie heute die Krone abgesetzt und sich in einen dunklen Mantel gehüllt hat.

Irgendjemand beobachtet von oben die Piazza dei Cinquecento, das ewige Abreisen und Heimkehren von Koffern und Hoffnungen, das geschäftige Treiben von Römern unterwegs in andere Gebiete der Stadt, das atemlose traurige Leben, das immer wieder von vorne beginnen muss, das nie Frieden findet: Es ist die Christusstatue, mitten in den Himmel über dem Bahnhof hochgezogen, funkelnd vor goldener Bronze.

Ich weiß nicht, ob sie die größte Statue in Rom ist. Mit Sicherheit ist sie die, die sich dem Blick am meisten einprägt, so mächtig, so prachtvoll geschmacklos. Aber wo genau erhebt sich dieser Christus, der in der Mittagssonne und bei Sonnenuntergang leuchtet, als wäre er in das Goldpapier der Gianduiotti* gewickelt? Und wer hat ihn da oben hingestellt und warum?

Es handelt sich um eine Huldigung der argentinischen Exschüler der Salesianer für Don Bosco: Die Jungen, die aus dem Oratorium in den Ozean der Immigranten wechselten, wollten, dass diese riesige Statue auf die Spitze des Campanile des Sacro Cuore gestellt würde, der ersten Kirche in Rom, die nach der Vereinigung Italiens errichtet worden war. Das Werk wurde nach der Skizze eines gewissen Enrico Cattaneo realisiert und 1931 auf ein Postament mit drei Plateaus montiert. Ein Super-Christus, völlig übertrieben, leicht tölpelhaft mit dem kolossalen Aussehen eines Glücksbringers, auf dem Armaturenbrett des Himmels befestigt. Dieser Erlöser scheint sehr fern von den Mühen der Menschen: Er steht zu hoch oben, das Gold macht ihn, verglichen mit der Erde und dem Schlamm, zu exzessiv kostbar.

Tatsächlich biwakieren zu seinen Füßen die ganz Verzweifelten aus dem Bahnhof, hingesunken auf die Treppen der Kirche des Don Bosco, ständig betrunken, ohne Heim und ohne Gesetz. Ihre Gebete werden nie bis zu diesem Christus aus Gold vordringen.

Die Stazione Termini ist ein Buch, in das man eintaucht, um die Geschichten der Menschen zu lesen. Alles ist vor uns ausgebreitet: Die Protagonisten unserer Zeit kommen und gehen, warten, essen, schauen, gehen, alles zwischen einem Zug und dem nächsten. Wenn ich abreisen muss, versuche ich immer ein gehöriges Stück vor dem Zeitplan dort zu sein. Es gefällt mir, all dieses Leben, von dem die große Eingangshalle wimmelt, zu beobachten, die Bewegungen der Körper zu studieren, die Ängste und die Erschöpfung, die mit einem Stift auf Plakate geschriebenen Sätze zu lesen, in eine Bar einzutreten, auf einen neugierigen Kaffee, für ein geschäftiges Panino.

Und da ist es mir doch glatt an einem Morgen passiert, dass ich die Reklame sah, die auf einem Laufband die ganze Halle bespielte: halbnackte Körper von verdrießlich blickenden Fußballern und Tennisgrößen in Unterhosen, von wunderschönen Mannequins, in den Nebel des Geheimnisses gehüllt, alle streng in Weiß und Schwarz, als kämen sie von einem Olymp, der Farben und Unvollkommenheit verachtet. Unter diesem etwas begräbnishaften Streifen Himmel, schwerbeladen mit Göttlichkeit, ist die lärmende Existenz der einfachen Leute unterwegs, der Leute, die viele Sorgen haben, die sich abstrampeln, um dreißig Euro zu verdienen, die aus Liebe verreisen, die glücklich oder enttäuscht heimkehren.

Beinahe niemand hebt den Kopf zu diesem Olymp, aber alle nehmen seine Gegenwart wahr, sein Gewicht. Vielleicht wäre jeder gerne in dieses Reich perfekter Wesen enthoben, oder vielleicht auch nicht, vielleicht ignoriert der, der wirklich lebt, die Lüge. Und wenn man mit dem letzten Nachtzug ankommt, ist die Atmosphäre noch dichter, noch geheimnisvoller. Sie, die Göttlichen, die Überflüssigen, wiegen sich weiter in ihrem Privileg, da oben, während unten zwei Obdachlose ganz langsam einen Wagen aus dem Supermarkt vor sich herschieben, beladen mit ihrem Leben, Plastiktüten und Trostlosigkeit.

Der Triumph und die Niederlage, Gleichgültigkeit und Mühsal, das Leben, das zufrieden ist und das, das grundlos leidet. Das Glück und das Unglück: beides unverdient.

Die Stazione Tiburtina ist eine schmerzende Ecke in Rom: Die Reisenden steigen eilig in die und aus den Waggons, jede Minute kommen Züge an und fahren ab. Alles ist in Bewegung und erneuert sich, aber die Mühsal dessen, der auf dem Bahnhof überlebt, bewegt sich keinen Meter weiter.

Bettler, Betrunkene, Verrückte, Randexistenzen jeder Form halten sich hier auf, um mit ihren zerstörten Leibern von der ganzen Grausamkeit der Großstadt zu erzählen. Bei Tag streifen sie auf der Suche nach Essen umher oder schlagen sich mit einem Euro durch, sie führen Selbstgespräche, beklagen sich, trinken Fusel. In der Nacht lehnen sie sich an die Mauern, zusammengekauert wie Kinder auf dem Boden, auf einem großen Stück Karton oder unter einer verdreckten Jacke, und träumen vielleicht von einem anderen Leben.

Nach und nach finden sich die Verlierer, die Erniedrigten und die Verstoßenen wieder, die letzten, die aus der heute modernen und strahlenden Stazione Termini entfernt wurden, wie Fetzen, durch eine dunkle Strömung hierher verweht. Sie sind menschliche Materie, die von jedem Lichtstrahl vergessen wurde, ein düsterer Haufen aus Fleisch und unglücklichen Gedanken.

Wie seltsam: Auf der anderen Seite der Straße, direkt gegenüber dem Bahnhof, ist seit vielen Jahren die Buchhandlung Nima geöffnet, die von einem freundlichen Herrn aus dem Iran geführt wird, der das Beste der orientalischen Kultur vorlegen möchte: Romane und zeitgenössische Essays, vor allem aber Texte der antiken Spiritualität, Taoismus und Zen, mystische Texte der Sufi, das *Tibetische Buch der Toten*, die *Upanischad*.

So stehen sich, ohne es zu wissen, zwei Welten gegenüber: auf der einen Seite der Unglückliche, mit seiner Flasche in der Hand und das Gesicht vom Unglück gezeichnet; auf der anderen die Worte der reinsten Weisheit, die Seiten dessen, der das Licht der Seele sucht. Dazwischen erhebt sich die Tangenziale, tausende Autos, die, während sie sich entfernen, gleichgültig den Kurs halten zwischen der Materie und dem Geist.

Auch in Rom, wo uns die Schönheit an jeder Ecke ein Geschenk macht, sind die schönsten Inseln die Menschen: der Mann an der Bar, der uns um sechs Uhr früh scherzend den Kaffee zubereitet, der gewiefte Tankwart, der uns in zwei Minuten die Ölkrise erklärt, der Blumenhändler, der seine Geschöpfe behandelt, als wären sie dem Garten Eden entsprungen. All jene Menschen also, die sich der schlechten Laune und dem Groll nicht unterwerfen, die nicht dazu beitragen wollen, dass die schwarze Wolke des kollektiven Unglücks sich formt. Ja, Rom verwahrt immer noch viele Körnchen aus Licht, viele Menschen, die imstande sind, positiv zu denken. Und einen Ehrenplatz verdient Marcello Ciccaglioni, der Besitzer der Buchhandlungen *Arion*, der 2013 den Premio Nazionale per i Librai erhielt, der nach Luciano und Silvana Mauri benannt ist.

Unser Marcello wurde nicht zwischen den Büchern geboren, er besaß kein Haus, an dessen Wänden sich die Bibliotheken entlangzogen: Seine ersten zwanzig Jahre hat er zwischen dem Quarticciolo und San Basilio verbracht, und viele seiner damaligen Mitschüler haben ein schlechtes Ende genommen, verloren zwischen Gefängnissen, Drogen, Gewalt. Aber Marcello hatte sofort begriffen, dass Bücher etwas Wichtiges sind, vielleicht sogar die Rettung. Zu arbeiten begonnen hat er an einem Bücherstand der Piazza Esedra: Über Bücher wusste er noch wenig, aber er begriff rasch, denn wenn man etwas liebt, möchte man es auch bis auf den Grund verstehen.

Und so hat er 1974 seine erste Buchhandlung eröffnet, in der Viale Eritrea, und ich habe dort die Nachmittage damit verbracht, all die Bände durchzublättern, sie oberflächlich anzulesen, manchmal auch zu kaufen. Und dann gab es eine zweite Buchhandlung und später fünf, und heute besitzt Marcello Ciccaglioni an die zwanzig: Er gibt hunderten junger Menschen Arbeit und kämpft jeden Tag für die unabhängigen Buchhandlungen, den Unterschlupf der Intelligenz, die Orte des gesellschaftlichen Bewusstseins, die Gefahr laufen, ausgeschaltet zu werden von denen, die die Bücher neben dem Waschmittel und dem Hackfleisch verkaufen, ohne etwas davon zu verstehen und ohne Liebe.

In Grottaferrata, einem Dorf, das inzwischen beinahe schon zu Rom gehört, und zwar zu den exklusivsten Dorfschaften, wie etwa die Olgiata oder Casal Palocco, gibt es eine perfekte Insel, und zwar am Ende der Hauptstraße: die mächtige Abbazia di San Nilo, 1004 von einer Gruppe von Mönchen des italienisch-byzantinischen Ritus gegründet und tatsächlich von Nilo geführt. Man betritt sie durch eine Pforte eines mit Zinnen versehenen Schlosses mit jeder Menge Türmen und sagenhaften Schutzwällen. Sofort verspürt man ein reines, konzentriertes, makelloses Schweigen, einen Hof, der außerhalb der Zeit liegt. Die Kirche ist prachtvoll, außerordentlich reich an Kunstwerken der orthodoxen katholischen Tradition, ohne Mätzchen oder einen Hang zur Abgehobenheit. Darunter sind byzantinische Ikonen und Mosaiken von berührender Schlichtheit zu sehen, ein Altarbild von Annibale Carracci*, eine Kapelle mit Fresken von Domenichino* mit Darstellungen aus dem Leben des Heiligen, worunter sich zwischen vielen anderen Personen auch Konterfeis des Malers selbst und solche von Guido Reni und Guercino befinden. Der polychrome Fußboden ist nach Art der Kosmaten angelegt, ein Altar wurde tatsächlich von Bernini entworfen.

Alles ist in ein beständiges Halbdunkel gehüllt, und von einem frischen und langwährenden Frieden, der von weither stammt. Es kommt einen die Lust an, eine Kerze zu entzünden und einen Wunsch an den Himmel zu richten, der uns, leer oder bevölkert, vielleicht anzuhören wüsste.

Aber das schönste Stück ist ohne Zweifel der Taufbrunnen aus weißem Marmor, der in der Vorhalle steht beziehungsweise im Vestibulum: Es ist eine Arbeit aus dem 11. Jahrhundert, mit einem bedeutungsvollen Relief. Darauf erscheint ein Mann, der seine Kleider ablegt, ins Meer springt und als Fisch wieder herausgezogen wird, ein Symbol Christi also. Es ist ein Meisterwerk, das uns ein neues Leben vorstellen lässt, ein neues Jahr. Und trällernd kehren wir nach Rom zurück, voll der schönen Hoffnungen.

»Wenn ich mit achtzehn Jahren Latein studiert hätte, wäre ich jetzt Kaiser«, schrieb Arthur Cravan, ein Surrealist mit dem Hang zur Übertreibung.

In Rom findet man oft Menschen, die wirklich Latein gelernt haben, in den Gymnasien und auf den Hochschulen, oft sieht man sie arrogant und mit einem Gefühl vager Beunruhigung die unglaublich vielen Schriften lesen, die die römischen Palazzi schmücken. Versuchen wir sie zu übersetzen, klammern wir uns an eine Erinnerung, wiederholen wir im Kopf irgendeine Deklination. Und doch werden wir rasch aufgeben: Verflucht, diese vielen Jahre, die man über Cicero und Tacitus gebeugt verbracht hat, sollten doch vielleicht dazu nützen, einen unsicheren Punkt an Gleichgewicht im Hirn zu finden, aber jetzt sind das *latinorum*, verlorene Fragmente, Nebel.

Einige Schriften auf den Palazzi verstehen wir gut: »Ubi labor, ibi uber.« Wo es Arbeit gibt, gibt es Wohlergehen. »Laeta domus, laeti abitantes.« Glückliches Heim, glückliche Bewohner. Und noch eine Inschrift: »Nil difficile volenti.« Nichts ist schwierig für den, der will. (Aber bei diesem »nil« – fehlt da nicht ein H, in der Mitte oder sonst wo?)

Kaum, dass sich der Satz ein wenig verwirrt, rudern wir auch schon im Kreis und möchten unseren alten Lateinprofessor anrufen, den Klassenbesten, wir fühlen uns völlig unwissend. Der Faschismus hat halb Rom mit lateinischen Parolen zugedeckt: Wir sind Antifaschisten, sage ich mir, nur deshalb gehen wir der Sache nicht auf den Grund, aber das ist bloß eine Ausrede.

»Intus nil strepere felicitas unica.« Was soll das denn heißen? Suchen wir ein kleines Wörterbuch und kehren wir mitten auf der Straße in die Schule zurück, zwischen den Ablativi absoluti und der consecutio temporum. Wir werden einige Phrasen entdecken, deren Fähigkeit nur die Sprache Cäsars besitzt: »Tempora tempore tempera.« »Ordne die Zeit nach der Zeit.« Das will heißen: Sei dazu fähig, dich anzupassen. Oder eine prachtvolle Sentenz, die man in der Via Veneto liest: »Roma lenta quia eterna.« Damit könnten wir uns jedes Mal rächen, sooft uns jemand unsere Gleichgültigkeit vorwirft: »Rom ist langsam, weil es ewig ist.«

Jorge Luis Borges* dachte, dass die perfekteste Form des Labyrinths eine Bibliothek sei: Die Gänge gabeln sich, multiplizieren sich, und jeder hat hunderte Wandregale, tausende Bücher. Man kann argwöhnen, dass alle Nachforschungen zu einer Verwirrung führen, weil jedes Buch auf ein anderes zurückverweist und das bis ins Unendliche; aus diesem Labyrinth gibt es keinen Ausweg.

Die Vorstellung ist suggestiv, aber wie jeder perfekte Handschuh kann sie auch gewendet werden: Die Bibliotheken sind meist Orte, an denen die Verwirrung neue Begegnungen schafft, unerwartet und entscheidend. Ich denke da an unsere kleinen städtischen Bibliotheken, genauer gesagt an die in der Via Rugantino in Torre Spaccata.

Das Viertel ist sympathisch, errichtet mit einer gewissen Aufmerksamkeit für Freiräume und Grünflächen. Aber es bleibt ein Ort, wo das Zusammenkommen der Menschen nicht leicht ist, weil es keine schönen Plätze gibt und weil die Häuser dicht aneinandergereiht stehen, des Nachts vom Schlaf der Bewohner gefüllt und bei Tag geleert, weil ja alle diese Menschen zur Arbeit gehen.

Und darin ist der Grund dafür zu suchen, dass die Bibliothek der Via Rugantino ein wertvoller Ort ist: Es ist die Anziehungskraft, die viele junge Studenten anlockt, Pensionisten, die hier gratis Zeitung lesen können, Erwachsene, die hier vorbeikommen, um sich ein Buch auszuleihen. Im Inneren herrscht das konzentrierte Schweigen wie in allen Bibliotheken der Welt: Die Leute lesen, machen sich Notizen, betreten die Parallelwelten, die zwischen den Seiten verborgen sind.

Aber dann steht einer auf, um eine Zigarette rauchen zu gehen, man wechselt ein paar Sätze, man entdeckt gemeinsame oder unterschiedliche Interessen und bemerkt, wie schön es ist sich auszutauschen. Die Jungen machen den Mädchen den Hof, die Alten sprechen mit den Jüngeren: Man teilt Eindrücke, Überlegungen, man schließt Freundschaft unter den Schwingen des Wissens. Auf diese Weise ist die Bibliothek kein Labyrinth mehr, sondern ein kleiner Platz, wo man einander trifft, mit der Möglichkeit, Wahlverwandtschaften zu entdecken, Freunde und Partner für Abenteuer.

Es müsste eine Bibliothek in jedem römischen Viertel geben, vor allem in den allerschwierigsten. Denn in einer solchen Bibliothek liegt der Ausgangspunkt für eine aufmerksame großzügige Gemeinschaft.

1898 erstanden die Brüder Nardi den Anteil an einem Landbesitz in Grotta di Gregna, neben der Tiburtina gelegen, um Vieh zu züchten und Milch zu produzieren. Ich stelle mir die Kühe der Nardis friedlich grasend auf diesen grünen Feldern jenseits des Aniene vor, wie auf einem Bild von Poussin, um sich dann in die Ställe zurückzuziehen. Ich sehe, wie sie sich im Winter von dem in die Krippen geworfenen Heu ernähren, im Sommer mit den Fliegen kämpfen, gemolken werden, und das Tag für Tag, als würde alles immer in derselben Art und Weise ablaufen. Aber die Dinge ändern sich. Dort, wo die Weiden waren, sind jetzt große Viertel mit Sozialwohnbauten: il Tiburtino III, Colle Aniene, Ponte Mammolo ... Und dort, wo die Ställe der Vaccheria Nardi waren, steht heute die schönste öffentliche Bibliothek Roms!

Es bedurfte mehr als zehn Jahre, bis sich die Idee in Substanz verwandelt hat: angedachte und umgedachte Projekte, begonnene Arbeiten, unterbrochene, wiederaufgenommene. Der übliche lange bittere Weg jeder Angelegenheit, die in Rom zustande kommen soll. Aber was am Ende zählt, ist der Umstand, dass diese Zone Roms ihre Bibliothek hat.

Eine große und starke Eiche wurde in den Freiraum zwischen den drei Gebäuden der ehemaligen Molkerei gepflanzt: Sie scheint absichtlich hier zu stehen, um die alte Energie und die immer noch lebendige Kraft des Wissens zu symbolisieren, als wäre sie das Logo der Bibliothek. Das ganze Umfeld ist äußerste Peripherie, festgemauerte Wohnungen, die den Wind nicht durchlassen, Beton und Mühsal. Aber hier ist alles noch grün: Es ist ein Platz, an dem schön zu lesen und zu studieren ist, aber auch ein Ort, um eine Verabredung zu treffen, zusammenzukommen, sich zu unterhalten. Das Gebäude, in dem die Milch für die Kinder konserviert und aufbewahrt wurde, und ein anderes, das der Heuschober war, dienen als Mediathek und für Informagiovani.

»Dalle stalle alle stelle, dalle stelle alle stalle: comunque un bel viaggio«: Von den Ställen zu den Sternen, von den Sternen zu den Ställen. In beiden Fällen eine schöne Reise.

»Ahi, ahi, ma conosciuto il mondo / non cresce, anzi si scema, e assai piú vasto / l'etra sonante e l'alma terra e il mare / al fanciullin, che non al saggio, appare.« Im großen Saal der Biblioteca Casanatense sind mir diese Verse aus Giacomo Leopardis Canzone »Ad Angelo Mai«* eingefallen.

Tausende Bücher stehen, nebeneinander gereiht, an den hohen

Wänden der Bibliothek, seltene Bücher, Manuskripte und Inkunabeln, juristische Schriften, ebenso theologische und historische, sodass Wissenschaftler aus der ganzen Welt herkommen, sie für ihre Recherchen zu konsultieren. Aber auch die normalen römischen Studenten finden Zuflucht und Frieden in dieser Bibliothek, die zu einer der ersten öffentlichen Bibliotheken Roms gehört, wenn man einmal von der Angelica* absieht: Hier atmen sie langsam angesammeltes Schweigen und können sich ganz konzentriert vertiefen. Wieviel Kultur, wieviel Wissen versteckt sich in den unendlich scheinenden Reihen der hölzernen Regale, die in die Höhe wachsen, immer höher wachsen, so sehr, dass man, um die Bücher, die ganz oben direkt unter der Saaldecke stehen, zu erreichen, Leitern benötigt, und sich einhängen und einen Sicherheitsgurt anlegen muss wie die Kletterer in den Dolomiten.

Diese wunderbare Kathedrale der Kultur bietet den Lesern ihre unendlich vielen Worte seit 1701, es war Kardinal Girolamo Casanate, der ihr die ersten fünfundzwanzigtausend Bände vererbte, und es war der Architekt Antonio Maria Borioni, der im Konvent von Santa Maria sopra Minerva diese Raumeinteilung in geometrische und poetische, physische und metaphysische Gebiete vorzeichnete, wie es jede ordentliche Bibliothek verdienen würde.

Aber vor dieser immensen Mole des Wissens beeilt sich unser Blick zu zwei unglaublichen Globen, wovon einer der Erde gewidmet ist und der andere dem Himmel. Realisiert wurden sie 1716 von dem Kosmographen und Kartographen Silvestro Moroncelli*, und sie sind wie zwei Einladungen zu bewegungslosen Reisen zur vagen und mädchenhaften Phantasie, von der Leopardi schrieb. Vieles weiß man, spricht mit ruhiger Stimme die ehrwürdige Bibliothek, aber mehr noch stellt man sich vor, flüstern die beiden bemalten Globen.

Wir versuchen uns alle Dinge zu erklären und verlieren uns, wie Kinder auf einer unsicheren Weltkarte, aber noch mehr träumen wir von einer Reise und fliegen im Stehen.

Und so geht ein weiteres Jahr zu Ende, mit allen seinen Hoffnungen, die sich in Luft aufgelöst haben, seinen enttäuschten und wieder aufgefrischten Erwartungen – so viel Leben, das sich gewendet, das sich verändert hat, es ist gewachsen und hat uns gegrüßt, tausende Kinder, die inzwischen unter uns angekommen sind, Jugendliche, die viel erwachsener geworden sind, Männer und Frauen, die einander geliebt haben und andere, die bemerkt haben, wie die ersten Haare grau werden, Alte, die in ein anderes Leben übergegangen sind. Alles scheint zu stehen, und alles dreht sich, die Dinge und die Gedanken schreiten so langsam voran, dass sie immer gleich scheinen, und dabei verändern sie sich, verändern uns.

Ich möchte also diese Insel dem Riesenrad im Luna-Park der EUR widmen, das, ohne es zu wissen, zum Symbol unseres unbeweglichen Fortkommens geworden ist. Manchmal fühlen wir uns wie Hamster, die in ihrem Rad ins Nichts laufen, aber das ist nicht so: Wir steigen auf und wir steigen ab, erforschen, wo wir sind, und vergessen es, wir sind ein winziger, aber entscheidender Teil der absoluten Bewegung. Wir sitzen in dem großen Rad und vielleicht sind wir es ja, die es bewegen, ohne es zu wissen.

Alle alten Mythologien sprechen von der symbolischen und dabei doch ganz konkreten Kraft des Rades, sie laden uns ein, nicht den Kopf zu verlieren, wenn wir oben sind und nicht zu verzweifeln, wenn wir hinunterfahren. Eine Viertelstunde im Luna-Park genügt, um viele Dinge unserer Existenz zu verstehen.

Von oben sieht man die Welt, und all ihre unendlichen Bruchstücke erscheinen uns mit einem Mal zu einem einzigen Bild zu verschmelzen. Es weht der Wind, da oben: Unsere luftige Stellung lädt uns auf einen glückbringenden Kuss ein, zur Umarmung mit der Liebe, sie lässt uns wichtig und zerbrechlich erscheinen, sie reißt uns mit und sie macht uns Angst. Wir stellen uns ein besseres Leben vor, und es scheint, als würden wir es schon besitzen, aber da dreht sich das Rad weiter und beginnt den Abstieg in Richtung des entzweiten Ameisenhaufens der Existenz.

Das ist eine Erfahrung, die jeder Römer zumindest einmal gemacht hat und die er nie vergessen wird. Ein Jahr endet, ein anderes beginnt, das Rad dreht sich und steht immer da, ruhig und unbeweglich, oben und unten, erhaben und arm. Für einen Moment empfinden wir uns als Kaiser und gleich darauf als Nichts, und beides ist wahr, beides gerecht.

Das neue Jahr entsteht aus einem ein wenig trüben, stehenden Gewässer einer Epoche, die niemand beweinen wird. Aber wir wollen um jeden Preis Optimisten sein, und wie der Passant der Operetta morale von Leopardi wiederholen wir dem Kalenderverkäufer gegenüber, dass das kommende Jahr großartig sein wird. Zumindest ein kleines bisschen möchten wir uns glauben, auch wenn es heißt, dass wir einfältig sind oder Idioten. Und nun lasst uns also losgehen, um in der Bar Aphrodite der Via Donizetti an der Ecke zur Piazza Verdi einen Kaffee oder einen Aperitif zu trinken, weil wir hier das Symbol eines Lebens finden, das aus dem wirren Schaum des Meeres geboren wird und am Strand unserer Alltäglichkeit leuchtend vor Schönheit und Verführung erscheint.

Viele haben die Venus besungen oder gemalt, wie sie aus den Fluten des Mittelmeeres aufsteigt, nackt und perfekt wie eine Perle, bereit, der Erde ihre leuchtende Vollkommenheit zu bringen. »Von erster Sonne schimmerte der Haarschaum der weiten Wogenscham, an deren Rand das Mädchen aufstand, weiß, verwirrt und feucht.« So beschreibt Rilke sie in einem seiner Gedichte. Und die Bar Aphrodite widmet ihr ihre Theke, die erstaunlichste

Theke von ganz Rom: eine Skulptur aus Travertin, die 1983 von einem gewissen Scagnoli geschaffen wurde.

Jetzt haben auch die römischen Bars eine mailändisch anmutende Richtung eingeschlagen: Stahl und Kristall, modern und leicht zu reinigen, anonyme Podeste, auf die die kleinen Häppchen für einen Lunch oder für einen Brunch abgestellt werden. Niemand wagt mehr etwas, niemand erfindet irgendetwas. Entlang dieses Tresens aber ist das Antlitz der Botticelli-Venus eingraviert, das Haar durch die Meeresbrise verweht, ihre schlanken Hände, ihr göttlicher Blick. Es ist eine Art Hommage an die Schönheit, die in die Welt tritt und sie rettet; ein kurvenreiches und auffallendes Schauspiel, sechs oder sieben Meter Staunen.

Hier feiern wir das neue Jahr, das aus den Wellen des vergangenen geboren wird, und hier geben wir uns für einen Augenblick der Illusion hin, dass alles gut gehen wird.

Am Tresen der Caffetteria Le torri auf der Piazza San Martino ai Monti frage ich die Serviererin nach dem Namen der beiden Türme, die sich vor den Auslagen erheben. »Also ich weiß nicht, wie die heißen«, antwortet das Mädchen überrascht. »Frag doch den Briefträger.« Und tatsächlich schlürft am anderen Ende des Tresens ein Briefträger seinen Kaffee: »Entschuldigen Sie, Signore, wissen Sie die Namen der Türme?« Der schaut mich an, als käme ich vom Mond. »Welche Türme denn?« Also, es ist keine Überraschung: Der eine mehr, der andere weniger, aber wir leben alle in einem Zustand der Zerstreutheit. Hinter unserem Wagen könnte ein Raumschiff geparkt sein, und wir würden es nicht bemerken.

Die besagten Türme, einer höher und schlank, der andere eher breit, machen dem Bologneser Turmpaar der Garisenda und der Asinelli Konkurrenz: Sie heißen Torre dei Capocci und Torre dei Graziani, nach den Namen von zwei der vielen Familien, die sie bewohnten. Denn Rom war, seltsam, aber wahr, im Mittelalter unglaublich reich an Türmen: Man zählte mehr als dreihundert Wohntürme, die in den blauen Himmel wuchsen, so viele, dass Mastro Gregorio, dem Verfasser eines Romführers der Epoche, unsere Stadt vorkam wie ein Feld von Kornähren.

Der Turm der Capocci ist besonders schön: Man kann gar nicht anders, als an den Elfenbeinturm zu denken, in dem der Weise sich einschließen müsste, so sehr allein steht er da, hochmütig, phallisch und melancholisch. Er misst sechsunddreißig Meter und hat sieben Stockwerke: Im 13. Jahrhundert war er ein Wolkenkratzer. Der andere, der der Graziani dagegen, ist immer noch von Häusern und Dächern umgeben: Er wirkt freundlich und weiblich, er nimmt auf seine Art mehr Anteil am Leben der Stadt. Die Feindseligkeit und die Geduld, die Trennung und die Einsicht: Sie sind wie zwei soziale Symbole, unsere schönen Türme. Schade, dass die Leute daran vorbeilaufen und nicht hinschauen, aber selbst dem, der hinschaut, bereitet es Mühe, zu sehen.

Wenn man sich ins Caffè Greco in der Via Condotti setzt, das zweitälteste Kaffeehaus in Italien nach dem Caffè Florian in Venedig, hat man das Gefühl, von einer Welt wunderbarer Gespenster umgeben zu sein, und meint, sich für eine halbe Stunde in einer Art von zeitloser Geistesakademie zu befinden, an einem erlesenen und verklungenen Ort, einem himmlischen Café, vollkommen anders als das in der Werbung. Wir blicken uns um und beinahe sehen wir sie, die illustren Gäste, die sich hier, zwischen diesen Mauern, bis vor wenigen Jahrzehnten seit dem 18. Jahrhundert erholt haben. Wir verteilen sie nach unserem Gutdünken an den Tischchen: Wir können Leopardi Schopenhauer gegenübersetzen und um sie ein wenig zum Lachen zu bringen, Palazzeschi* und Flaiano* hinzurufen. An einem anderen Tischchen führen wir Casanova und D'Annunzio* zusammen und dann noch Brancati*: Sie werden von den Freuden des Lebens sprechen, von den Frauen, von der Traurigkeit, die der Eroberung folgt. Wagner, Liszt und Petrassi* setzen wir dort hinten hin: Sie haben einander viel zu erzählen, die Musik ist ein Reich, das keine Gebieter kennt und kein Ende hat.

Wir können uns viele Tischchen vorstellen, jedes mit außergewöhnlichen Künstlern: die Unruhigen, die Genialen, die Phantasievollen, die im Caffè Greco ein klein wenig Ruhe fanden. Wollen wir Orson Welles zu Goethe gesellen? Und diskret heißen wir Sandro Penna* ebenso Platz zu nehmen? Was könnten sie sich erzählen, welche vertraulichen Mitteilungen könnten sie einander machen? Im Grunde finden die Künstler immer eine Art und Weise, miteinander zu kommunizieren, jenseits der Schranken der Zeit. Und wir sitzen unter ihnen, auf dieser abgehobenen Wolke, um die Luft einer Epoche einzuatmen, die vielleicht für immer vergangen ist: die Epoche der Literatencafés, der »L'art pour l'art«, der Freundin der Schönheit und Feindin der Vulgarität. Wir schauen in diese von funkelndem Ektoplasma bevölkerten Säle und versuchen, etwas von dieser besonderen Atmosphäre mitzunehmen. Und oft sind wir erstaunt, auch verwirrt, wie diese beiden Typen hier, die abseits sitzen: Buffalo Bill und Sitting Bull, der ganz deutlich allein an diesem Tischchen konsumiert.

Die Skulptur der *Santa Cecilia*, die unter dem Altar der gleichnamigen Kirche in Trastevere begraben ist, hält dem Vergleich mit den schönsten Statuen in Rom stand: mit *Apoll und Daphne* von Bernini und dem *Mosè* von Michelangelo. Sie ist eine Arbeit aus dem Jahr 1600, geschaffen wurde sie von einem dreiundzwanzigjährigen Jüngling, Stefano Maderno*, und hält quasi die Schwebe zwischen Renaissance und Barock, zwischen perfekter Harmonie und kühnster Erfindung.

Wir sehen das Antlitz der Heiligen nicht, sie hat es zur anderen Seite gedreht, und so bleibt es für immer verborgen. Alles ist wie in einer qualvollen und gleichsam ruhigen Spannung verschraubt, wie ein Korkenzieher der besonderen Art, wie ins Absolute gebohrt, wie ein Zopf aus Marmor, Schmerz und Reinheit. Die geöffnete Hand zeigt drei Finger, vielleicht die drei göttlichen Tugenden oder die Anzahl der Schläge des Richtbeils, die, wie die Legende erzählt, notwendig waren, um Caecilia zu enthaupten: Am Hals sieht man den tiefen Einschnitt durch die Klinge. Das Gewand dreht sich und folgt damit der Drehung des Körpers, und es scheint fast, dass die Falten sich lösen wie eine Ziehharmonika, die Musik, die die Heilige liebte und die sie für immer als Beschützerin wählte: Für drei Tage, auch das erzählt die Legende, hätten sich aus ihrem Leib himmlische Töne gelöst.

Es ist eine Skulptur, die Schönheit und Geheimnis ausstrahlt, eines menschlichen Ausdrucks beraubt und in einer verblüffenden Komposition gelöst, zerstört auf Erden und dennoch schon dem Unendlichen entgegengestreckt. Wenige Touristen kommen hier vorbei, aber wer vor diesem wundervollen Werk stehen bleibt, der verharrt lange und regungslos, um es zu betrachten und ohne sich von diesem Anblick lösen zu können. Der um sich selbst geschwungene Marmor zieht die Aufmerksamkeit auf sich und drängt sie zu noch unbekannten Gedanken, in Richtung eines schmerzenden Friedens.

Das Vicolo del Puttarello ist nicht so leicht zu finden: Man muss dazu vom Quirinal hinuntersteigen, um dann in dem Labyrinth rund um die Fontana di Trevi umherzuirren. Schlussendlich aber gelangt man mit etwas Beharrlichkeit bei Nummer 25 an und entdeckt ein Wunder ohnegleichen: das außergewöhnlichste Kino der Welt. »Wow« – wird einer staunen –, »der übliche angeberische Hang zur Übertreibung, typisch für die Römer. Stellen wir uns bloß vor, dass es in Los Angeles oder in Paris kein schöneres Kino geben soll als diesen kleinen, halb unterirdischen Saal, als dieses Kellergeschoss, das sich dem Autorenfilm verschrieben hat.«

Und ich, nicht aus Eigensinn, sondern aus tiefer Überzeugung, bekräftige das noch: Das kleine Trevi, Sitz der Cineteca Nazionale, ist das absolut außergewöhnlichste Kino der Welt. Als man mit den Arbeiten zur Wiederherstellung begann, wurde ein *domus* aus der Kaiserzeit entdeckt, das *castellum aquae* des Acqua Vergine, und, wie das so oft in der Geschichte unserer Stadt geschieht, haben sich die einzelnen Elemente bewundernswert miteinander verbunden.

Deshalb ist eine der Wände des Kinosaals ein riesiges Fenster, das die wertvollsten Fundstücke und die schönsten Filme des 20. Jahrhunderts ausstellt und zusammenführt. Es ist so, als würde man in einem Science-Fiction-U-Boot im gesamten Ozean herumfahren, einer Nautilus mit erstaunlichen Bullaugen. Auf der einen Seite das antike Rom, die Intelligenz der Architekten, die Harmonie und Notwendigkeit miteinander verschmelzen; auf der anderen Retrospektiven des Stummfilms und des Experimentalfilms, von großen Schauspielern und von großen Regisseuren, von kaum bekannten Künstlern und von Universalgenies. Alles bleibt beisammen. Die Karte für das Trevi kostet vier Euro, drei mit Ermäßigung, und sogar nur zwei, für den, der ein Abonnement für zehn Filme abschließt. Es sollte immer voll sein, weil es der versteckte Tempel der Erinnerung des Films und seiner Geschichte ist, weil es eine wirkliche Freude ist, die Stufen des Tempels hinunterzusteigen und das Beste aufzunehmen. Es müsste so sein, aber leider ist es das nicht, wie traurig.

Für Jahrzehnte war der Terminillo ein Viertel in Rom, angesiedelt zwischen den Bergen: Es war das erste Ziel für den, der Skifahren und das elektrisierende Frösteln des Winters spüren wollte. Dann aber sind die von Rom aus erreichbaren Skiorte mehr geworden, und für den Terminillo bedeutete das unaufhaltsamen Niedergang, ja sogar der Schnee fiel aus. Jetzt scheint er sich wieder zu erholen, die Pisten sind besser gepflegt und auf der Giusti und der Cardita Nord hört man wieder, dass Römer unterwegs sind.

Dem, der sich auf diesen schönen Berg begeben will, gebe ich den Rat, die Chiesa di San Francesco zu besuchen, die zwischen 1955 und 1964 errichtet wurde. In ihrem Innern erwartet den Besucher eine verblüffende theologische Überraschung. Die Apsis bedeckt eines der größten Mosaike der Welt, dreihundertfünfzig Quadratmeter von geschickt zusammengesetzten Mosaiksteinen.

Thema ist die Erschaffung des Universums, also eines, auf das wir von klein auf hingewiesen wurden, als wir den Katechismusunterricht besuchen mussten. Bis heute wissen wir genau, was die Bibel erzählt: das Licht, das sich von der Finsternis trennt, sechs Tage harter Arbeit, in denen Gott Pflanzen und Tiere schuf, einen Garten, um ein Männlein und ein Weiblein und einen gefährlichen Apfelbaum hineinzustellen.

Deshalb würden wir auf dem riesigen Mosaik Wasser und Land erwarten, Vögelchen und sanfte Bestien, Harmonie und Versuchung. Aber stattdessen erblickt man, kaum zu glauben, den Big Bang. Die Mosaiksetzer aus Foligno leisteten dem Entwurf des umbrischen Mosaikkünstlers Luigi Frappi* Folge, und so haben sie den Urknall dargestellt, den Knall aus Licht und Materie, der sich in Wirbeln fortsetzt und das Nichts in das Universum verwandelt. Kubofuturistische Wellen reihen sich aneinander aus dem Zentrum bis zu den Rändern, der goldene Atomkern erweitert sich zu blauen Kreisen, und ein durchsichtiger Silberstrom durchquert ihn wie auf göttliches Geheiß. Es scheint der große Kompromiss zwischen Wissenschaft und Religion: Die Welt ist nicht wie ein Märchen entstanden, vielmehr war der große Urknall von Gott gewollt.

Draußen schneit es, und die Sonne scheint, das Mysterium hält an.

Die Entfernungen haben sich verringert, das, was am allerweitesten entfernt schien, liegt nun um die Ecke, das Hausgemachte und das Exotische leben einträchtig Schulter an Schulter, und die Welt passt auf eine Ansichtskarte. Manchmal bleiben wir angesichts der Beschleunigung, die die Zeit jedem Ding eingeprägt hat, verblüfft zurück: Nichts bleibt, wie es war, die Karten werden rasch neu gemischt, und der Stoß enthält plötzlich alle denkbaren Spielkarten.

Und doch bin ich beim Betrachten eines Schildes auf der Piazza Barberini für einen Augenblick überrascht gewesen: Es war, als würde man das Resultat einer langen Serie von Streitgesprächen sehen, von Zeitungsartikeln, Kongressen, Theorien über die Globalisierung, über die kulturelle Verschmelzung, die psychischen und ökonomischen Hybriden, die seit Jahren an der Tagesordnung sind. Von der *world music* Peter Gabriels zu den Grundschulen, wo Kinder aus allen Nationen lernen und spielen, von der *flüchtigen Moderne* Zygmunt Baumans* bis zur internationalen Finanzwelt, von den Billigstreisen, die es erlauben, dass alle überallhin kommen, zu den ethnischen Konflikten an der englischen und französischen Peripherie. Auf einem einzigen Schild erschien mir die überbordende Konfusion der Welt zusammengefasst, die tausend Möglichkeiten und die tausend Risiken, viele Meere in einem Glas. Vielleicht übertreibe ich, vielleicht handelt es sich dabei bloß um ein Schild wie viele andere – und doch hat es mir den heutigen Stand der Dinge enthüllt.

Kurz und gut: Früher gab es die »pizza al taglio«, ein typisch römisches Produkt, vier Blechplatten, aus denen es eine Pizzasorte auszuwählen galt, um sich in einem Anfall von Hunger oder plötzlicher Fressgier vollzuessen. In den letzten zehn Jahren haben sich viele dieser heimischen Futterkrippen in *Pizza Kebab* verwandelt: Die Pizzabäcker sind oft Ägypter, die es sehr gut erlernt haben, den Pizzateig zu kneten und eine Napoli oder eine Margherita herauszubacken, und denen haben sie ihre Rollen mit Lammfleisch hinzugefügt, die inzwischen allen schmecken.

Aber auf der Piazza Barberini gibt es die allerletzte Verschmelzung: *Pizza Kebab Sushi*. Die ganze Welt ist nun nicht viel größer als eine Rosticceria.

»Chi vuole andare a torno, a torno vada; / vegga Inghilterra, Ongheria, Francia e Spagna; / a me piace abitar la mia contrada. / Visto ho Toscana, Lombardia, Romagna, / quel monte che divide e quel che serra / Italia, e un mare e l'altro che la bagna. / Questo mi basta, e il resto della terra, / senza mai pagar l'oste, andrò cercando / con Tolomeo, sia il mondo in pace o in guerra.« So schreibt Ludovico Ariosto*, womit er seine geringe Lust zu reisen ehrlich eingeschätzt hat. Hätte er die Welt erforschen müssen, er hätte es anhand von Karten und Mappen getan, ohne anstrengende Ortswechsel ins Auge zu fassen.

Vielleicht bin ich ja auch aus dem Holz des guten Ludovico: Auch ich bewege mich nur gegen meinen Willen fort, und auch nur dann, wenn ich unbedingt muss, und dann immer mit großer Sehnsucht nach meiner Stadt und meinen bescheidenen literarischen Versuchen. Und vielleicht bewundere ich deshalb bedingungslos die großen Reisenden und empfinde eine Einrichtung wie die Società Geografica Italiana, die im wunderschönen Palazzo Mattei im Park der Villa Celimontana ihren Sitz hat, als außerordentlich.

Hier sind die Texte der ältesten Weltreisenden versammelt, Wandkarten des 17. Jahrhunderts, die die Schönheit von Kunstwerken besitzen, dic allerersten Atlanten und Weltkarten, die ein Hymnus auf Neugier und Mut sind. Erforscher des Orients und

Afrikas, Menschen mit Merkur im Herzen und Flügeln an den Beinen, haben auf Karten aus Reis und Pergament den unsicheren Umfang der bekannten und noch unbekannten Welt gezeichnet. Es ist ein wissenschaftliches Loblied auf das Reisen und das Abenteuer, es ist der Versuch, das Jenseitige und das Hier zusammenzuleimen, das Ferne an das Nahe, die Welt zu interpretieren. Es gibt Seekarten von 1480, Schifferhandbücher von 1500, Tagebücher von Forschern, die Spuren ins Unmögliche gezogen haben.

Heute umfasst die Società Geografica 1300 Mitglieder und stellt sich auch aktuellen Themen wie der Immigration oder den Beziehungen Europas zur Dritten Welt, der Urbanisierung und den politischen Veränderungen im Osten. Sie arbeitet im Gleichschritt mit der Zeit.

Ohne sich von seinem Heim wegzubewegen hat Ariost Astolfo auf den Mond geschickt, aber wir etwas faulen Römer können sogar noch mehr: Mit dem Finger Millionen Reisenden in die ganze Welt folgen, ohne uns aus der Villa Mattei wegzurühren.

Am Tag des heiligen Josef, dem Fest des Vaters, fragt man sich: Aber wie sind sie heute, die jungen Väter in Rom? Sie sind offenbar Väter in tausend verschiedenen Ausformungen: Aufmerksam oder zerstreut, verspielt oder vielbeschäftigt, reich oder arm, aber mit Sicherheit sind die heutigen jungen Väter viel älter als die von früher. Es geschieht äußerst selten, dass man einen Fünfundzwanzigjährigen einen Kinderwagen oder eine Schaukel in Bewegung setzen sieht, während es genügt, sich vor einen Kindergarten zu stellen, um jede Menge graumelierter Köpfe zu sehen, Männer, die in einer anderen Epoche die Großväter dieser Kinder gewesen wären. Ich bin einer von ihnen, und darum kenne ich diese Kategorie nur zu gut. Uns allen, den Vätern, die bereits älter sind, mit knarrenden Knien und oft außer Atem, möchte ich diese Insel widmen.

Der Rat ist der, die Piazza Santissimi Giovanni e Paolo al Celio aufzusuchen, eine abseits gelegene und ruhige Ecke Roms, mit Gras, das in den Ritzen zwischen den Pflastersteinen wächst, und dort in die Kirche zu gehen. In einer Kapelle auf der rechten Seite sieht man ein großes Ölbild von Aureliano Milani, einem emilianischen Maler, der zwischen dem 17. und dem 18. Jahrhundert gelebt hat, ganz bestimmt ein unbedeutenderer, aber insgesamt guter Künstler.

Auf dem Bild ist tatsächlich der heilige Josef mit dem Kind auf dem Arm dargestellt. Auch er, unser aller – der fünfzigjährigen Väter – Beschützer, ist eindeutig alt: Er hat einen weißen Bart, sein Schädel ist kahl, das Gesicht von Runzeln durchfurcht. Er hält das Kind zwischen den knochigen Händen, mit Liebe, aber ohne Liebenswürdigkeit, als würde er befürchten, dass es herabfallen könnte. Er hat nicht den natürlichen Griff der Maria, diese sanfte und beruhigende Umarmung. Er ist alt, aber auch unbeholfen, weil er begreift, dass er spät zur Vaterschaft gelangt ist. Er tut sein Bestes, aber das ziemlich schlecht.

Er ist unser Held, der Flügelmann aller Väter, die es sehr spät geworden sind: Man meint, ihn schon in irgendwelchen Parks mühsam mit seinem kleinen Sohn Ball spielen gesehen zu haben, in die geschlossene Hand hustend und um die Zukunft fürchtend.

Während eines Interviews fragte man einmal Pasolini, ob es eine Redensart im römischen Dialekt gebe, die ihm aufgefallen sei, und er antwortete darauf: »Es gibt eine, die ich besonders schätze. Es ist dieses ›anvedi!‹* Das ist der einzige Fall, der einzige Moment, in dem der Römer sich offenbart, weil es seine Fähigkeit zeigt, sich zu wundern. Da seine Philosophie ihn als weisen, gleichgültigen, als dem Leben gegenüber ironischen Mann erscheinen lässt, verbietet sie es ihm natürlich, Verwunderung zu zeigen. Wenn auch naiv als junger Mensch, sucht der römische Mann immer, sich nur nicht als naiv zu erweisen. Der Ausdruck ›anvedi‹ allerdings verrät eine unerwartete Fähigkeit zur Verwunderung. Und deshalb gefällt er mir sehr.«

Wie wahr es doch ist, wie viel Beschwichtigung der Ernüchterung in diesem »anvedi« steckt, das sich in manchen Fällen auch mit einem komischen »ansenti« paart: Der Römer will zu verstehen geben, dass er alles gesehen hat, alles gehört hat und dass er ganz perfekt kapiert hat, wie das Leben läuft. Es handelt sich um einen großen Betrug, um einen Schwindel, dem man besser kein Vertrauen schenkt. Außerhalb des Raccordo ist es dasselbe: Denn wenn du verstanden hast, wie die Dinge auf der Piazza Vittorio, in Centocelle, in Trastevere laufen, tja, dann ist es allüberall die gleiche Leier, das gleiche Theater.

Und doch schafft es plötzlich jemand, diese Bastionen von zur Schau gestellter Gleichgültigkeit zu überwinden, irgendetwas erscheint von weiß Gott woher, um einen Römer aus der Fassung zu bringen und zu verwundern: Es kann der Schnee sein, oder ein Kopfstoß von Totti, Hochwasser oder ein Kind, das lacht. Am Schluss kann es irgendetwas sein, auch der Flug eines kleinen Vogels oder ein neues Motorino, weil der Römer im Grunde nur darauf wartet, dass irgendetwas kommt, ihn aus Langeweile und Zynismus zu befreien.

Nun gut, in der Via Boccea gibt es einen kleinen Laden, der alles verkauft, und der sich wirklich *Anvedi oh!* nennt. Als ich ihn erblickte, konnte ich nicht anders, als die gelbe Schrift auf dem Schild laut abzulesen. Aber damit nicht genug, denn die größere Überraschung musste noch kommen. Der Besitzer des Ladens heißt Simone und ist Chinese. Und da kommt es einen wirklich an zu sagen: »Anvedi oh!«

Das Wort »Symbol« stammt vom griechischen *symballein*, was mehr oder weniger »zusammentun« bedeutet. Das Vermögen, mehrere Bedeutungen zusammenzulegen, manches augenfällig, anderes geheim, mit einem einzigen Bild eine Welt auszudrücken, eine Epoche, eine komplexe Partitur gesagter und nicht gesagter Dinge: das ist die Kraft eines Symbols.

Wenn wir das Kolosseum betrachten, verstehen wir im Nu die ganze Geschichte des kaiserlichen Rom, Macht und Grausamkeit, Prunk und Blut, während die Kuppel von Sankt Peter von den harmonischen Kurven des päpstlichen und des Rom der Renaissance zu erzählen weiß, Kunst und Feierlichkeit, Spiritualität und Reichtum. Die Fontana dei Fiumi von Bernini enthält in ihren Voluten aus Wasser und Stein die ganze barocke Phantasie. Die ernste Gleichmäßigkeit der Piazza Vittorio sammelt in sich den Sinn der piemontesischen Politik und so weiter, bis hin zu den kosmopolitischen Cafés Dolce Vita und Piper.

Und was könnte ein sehr repräsentatives Bild für unsere Epoche abgeben, das erste konfuse Jahrzehnt des neuen Millenniums? Wir könnten das Auditorium wählen, aber die drei herrlichen Riesenschildkröten von Piano* werden ein langes Leben haben und somit die Geschichte und den Gedanken vieler Jahrhunderte aufzusammeln wissen. Wir brauchen etwas aus unserer unmittelbaren Nähe, etwas, das in einem Augenblick die zerstreuten und zerrissenen Fäden genau dieses Zeitraums zu verknüpfen vermag.

Nach meinem Dafürhalten hat der transparente Turm von Smart, der sich am Rande des Raccordo erhebt, unschlagbare symbolische Kraft. Jedes Mal, wenn ich vor dieser hoch aufragenden Auslage vorbeikomme, an diesen sieben Stockwerken aus Glas, wo die berühmten Kleinstwagen gleich Spielzeug ausgestellt sind, kommt es mir vor, als würde ich den Hauch unserer Tage atmen. Eitelkeit und Leichtigkeit, Hochmut und Technologie, Infantilismus und Hedonismus, Reichtum und Verpflichtungen, Jugend und Erfüllung, Fluchten und Angebereien, Einsamkeit und Verwunderung, Hoffnungen und Depressionen: All das konzentriert sich in diesem kleinen Turm von Babel, der das Himmelsblau herausfordert. Er ist das Denkmal unserer ehrgeizigen und zerbrechlichen Epoche, Symbol einer Zeit, die weit kommen möchte und stattdessen hinter Glas verbannt ist.

Der Aventin ist ein wenig unser kleiner Zauberberg, eine Art metaphysisches Sanatorium, wo es aussieht, als fänden Vulgarität und Kleinlichkeit und Engherzigkeit keinen Platz: Hier kann man in Gesellschaft eines Freundes oder allein spazieren gehen, man denkt viel, oft führt es zu nichts, man atmet dünne Luft, man schweigt oder spricht von bedeutenden Dingen. Das ist zumindest der Eindruck, den dieses Ambiente ausstrahlt, das beinah unbewohnt scheint, als hätte sich das Chaos des Lebens aus Respekt zurückgezogen. Hier zeigt sich unsere Stadt von ihrer meditativen Seite, hier erfährt man nach und nach, dass die Weisheit eine Summe von Erfahrungen und Entdeckungen ist, gleich einer Torta Millefoglie, bei der jede Lage ihren Wert besitzt.

Die Chiesetta di Santa Prisca zum Beispiel, die kleinste und abgeschiedenste unter den Kirchen dieses Viertels, an der Spitze einer Treppe versteckt, enthält das älteste Mithräum von Rom, viel älter, als es aussieht, und sogar älter als das, das in den Eingeweiden von San Clemente versunken ist. Es handelt sich um eine Serie kleiner unterirdischer Räume, die auf das 1. Jahrhundert n. Chr. zurückreichen, wo sich die Gläubigen des Mithras trafen, einer Gottheit, die aus dem Orient stammte und dann unter der neuen christlichen Religion begraben wurde.

In der Vorhalle, auf einem kleinen umfriedeten Feld, fand die Opferung der Tiere statt: ein Kalb, ein Hahn, ein kleines Schwein oder ein Lamm. An den Seiten des eigentlichen Mithräums sind die sieben Grade der Initiation dargestellt, eine Serie von Gegenständen, die in Richtung des Sonnengottes vorwärts schreiten.

Und dann erblickt man die Darstellung des Gottes Mithras, wie er einem Stier, dem Symbol des Bösen, die Kehle durchschneidet, dessen Schwanz in einer Kornähre endet, weil aus seinem Blut das Leben wiederaufersteht, aus dem Tod eine neue Fruchtbarkeit quillt, wie bei den Eleusinischen Riten.

In der Kirche betet man zu Gott, der stirbt und wieder aufersteht, hier unten zum Blut, das die Erde befruchtet. Alles ist anders, und doch gibt es die gleiche Erschütterung in Anbetracht des Schmerzes, die gleiche Hoffnung, dass der Frühling wiederkehrt und das Brot des Lebens wiederbringt.

An Kalendern gibt es die unterschiedlichsten Varianten: die, die in unseren Küchen hängen, mit Bildern der Impressionisten oder Fotografien von der Lieblingsmannschaft, und jene, die wir eingehend studiert haben auf der Suche nach Brückentagen. Es gibt private Kalender, Agenden, Werbegeschenke einer Bank, Kalender mit eingekreisten Tagen, in der Hoffnung, den Geburtstag der Eltern, der Geschwister, vor allem den der Ehefrau nicht zu vergessen. Und dann gibt es wiederum andere, noch viel persönlichere, schwer zu erklärende, die mit dem Ablauf der Natur und unserer inneren Zeit korrespondieren.

Mein Kalender ist ein prachtvoller Baum, ein wild gewachsener riesiger Feigenbaum, der auf der Spitze eines kleinen Hügels über der Via Walter Tobagi steht. Ich sehe ihn jeden Tag, wenn ich zur Schule fahre, nach Torre Maura. Ich schaue ihn an und spüre den ewigen Umlauf der Zeit, das Rad, das unbeweglich scheint und sich doch rastlos dreht. Jetzt ist er gerade daran, zu blühen, der Feigenbaum: Alle seine gekrümmten Äste sind dabei, der Welt ihre Blätter zu zeigen, und auch ich fühle mich so, frühlingshaft, beinahe jung, voll wirrer Energie. Bald wird er ein sattgrüner Fleck vor dem blauen Himmel des Sommers sein, eine Explosion von Licht und Schatten, und dann wird die Sonne ihn nach und nach austrocknen, und sie wird ihn gelb werden lassen. Auch ich werde die furchtbare Hitze spüren, die Kraft und Phantasie raubt, ich werde bloß noch nach Wasser und Frieden verlangen. Im Herbst wird der Feigenbaum sich Tag um Tag entblättern, bis er ein Wald von Zweigen sein wird, farblos gegenüber dem Grau der Wolken. Und im Winter wird er sein, was er immer war, erstarrt durch die Kälte, auf seine nackteste und deutlichste Form zurückgeworfen.

Es wird keine Vergeudung geben, es wird nichts anderes sein, als das in sich geschlossene Leben; und auch ich werde so sein, darauf bedacht, auszuharren, nachzudenken, vielleicht ein Buch zu schreiben, von dem man noch nichts ahnt. In der Stadt verschmelzen zwischen Heizungen und Klimaanlagen die Jahreszeiten eine in die andere ohne jegliche Sentimentalität. Aber wenn jeder von uns einen Baum wählen und aufmerksam betrachten würde, könnte er vielleicht das Leben besser verstehen, das Leben, das geschieht, vergeht und wiederkehrt.

S. 10: *Cavalier d'Arpino*: Künstlername des italienischen Malers Giuseppe Cesari (1568-1640).

S. 11: *Gian Lorenzo Bernini*: Italienischer Architekt und Bildhauer (1598-1680).

Carlo Maderno: Architekt (1556-1629).

S. 12: *Otto Maraini*: Architekt (1863-1944), jüngerer Bruder von Emilio Maraini.

Emilio Maraini: Tessiner Geschäftsmann (1853-1916), genannt »Zuckerkönig«.

S. 13: *Marco Tirelli*: Italienischer Künstler, geboren 1956.

Baum des Judas: Judasbaum, Ziergehölz mit üppiger Blüte und weit ausladenden Ästen.

S. 15: *Jannis Kounellis*: Griechischer Künstler, geboren 1936.

S. 16: *Mura Serviane*: Römische Stadtmauer (»Servanische Mauer«) aus dem 6. Jh. v.Chr.

Corpo forestale dello Stato: Staatliches Forstkorps.

Lucius Tarquinius Priscus: Der Sage nach 5. römischer Kaiser von 616 bis 578 v.Chr.

Servius Tullius: Der Sage nach 6. römischer Kaiser von 578 bis 534 v.Chr.

S. 17: *Marc Aurel*: Römischer Kaiser von 121 bis 180 n.Chr.

Lucius Domitius Aurelianus: Kurz Aurelian, römischer Kaiser von 270 bis 275 n.Chr.

Flavius Honorius: Römischer Kaiser von 395 bis 423 n.Chr.

Il Deserto dei Tartari: *Die Tatarenwüste* (ital. 1940), Roman des italienischen Schriftstellers Dino Buzzati (1906-1972).

Onager: Katapult.

Repubblica Romana: 1849 für knapp fünf Monate bestehende demokratische Republik, Anführer der Revolutionsarmee war Giuseppe Garibaldi.

S. 18: *April*: Beginn des 433 Zeilen langen Gedichtes »The Waste Land« des britischen Schriftstellers T.S. Eliot (1888-1965): »April ist der übelste Monat von allen, treibt / Flieder aus der toten Erde, mischt / Erinnerung mit Lust, schreckt / spröde Wurzeln auf mit Frühlingsregen.« (Übersetzung: Norbert Hummelt).

S. 19: *Henryk Sienkiewicz*: Polnischer Schriftsteller (1846-1916).

Ahmed Shawqi: Ägyptischer Dichter (1868-1932).

Nikolai Wassiljewitsch Gogol: Russischer Schriftsteller (1809-1852).

Inca Garcilaso de la Vega: Peruanischer Schriftsteller und Chronist (1539-1616).

Petar II. Petrović-Njegoš: Serbischer Dichter, Fürstbischof von Montenegro (1813-1851).

Firdousi: Abū 'l-Qāsim Firdausī, persischer Dichter (940-1020).

S. 20: *Coppedè*: Areal im römischen Stadtteil Trieste, das den Namen seines Architekten Gino Coppedè (1866-1927) trägt, der Vertreter des italienischen Jugendstils, war, aber auch Barock, Manierismus und mittelalterliche Elemente in seine Arbeit einfließen ließ.

Shel Shapiro: Bandleader der italienischen Popgruppe The Rokes (1963-1970).

Maurizio Vandelli: Von 1963 bis 1978 Sänger und Gitarrist der italienischen Band Equipe 84.

Mario Schifano: Italienischer Maler (1934-1998).

Patty Pravo: Italienische Popsängerin (geboren 1948), erfolgreichstes Lied »La Bambola«.

S. 21: *Guido Reni*: Italienischer Maler und Radierer (1575-1642), das hier beschriebene Deckenfresko »Aurora« ist eines seiner Hauptwerke.

S. 23: *Carlo Rainaldi*: Italienischer Architekt (1611-1691).

S. 25: *Piero della Francesca*: Italienischer Maler, Kunsttheoretiker und Mathematiker (1415/20-1492)
Legende vom Heiligen Kreuz: »Legenda aurea« (»Die goldene Legende«) von Jacobus da Voragine (1228/29-1298), erzählt die Vor- und Nachgeschichte des Kreuzes Jesu.
Giacomo della Porta: Italienischer Architekt (1537-1602).

S. 26: *Giovanni De Vecchi*: Italienischer Maler (1536-1614).
Pomarancio: Pseudonym des italienischen Malers Niccolò Circignani (ca. 1517-1597/99).
Cesare Nebbia: Italienischer Maler (1536-1614).
Francesco Salviati: Italienischer Maler (1510-1563).

S. 27: »Was habe ich dir gesagt? Man sollte nicht träumen, es ist doch immer das Gleiche.«

S. 28: *Circolo Aniene*: Römischer Sportclub, der in der Nähe der Fontana dell'Acqua Acetosa seinen Sitz hat.
»Da gab es einen Kiosk mit guten Panini. Und jetzt sag du mir, warum die mir den weggenommen haben.«
Stadio Flaminio: 1911 errichtetes Stadion (früher v.a. Fußball und Rugby) in der Via Flaminia.
Antonio Nervi: Italienischer Architekt (1925-1979), Sohn von Pier Luigi Nervi.
Pier Luigi Nervi: Italienischer Bauingenieur (1891-1979).
Stadio Nazionale: 1927 erbaut, 1949 nach dem Flugzeugabsturz von Superga, bei dem unter anderem achtzehn Spieler des AC Turin starben, in Stadio Torino umbenannt.
Lodigiani: Italienischer Fußballverein aus Rom, gegründet 1972.
Cisco: Italienischer Fußballverein, aus dem durch die Fusion mit Lodigiani der zuletzt unter dem Namen Atletico Roma bekannte Verein (bis 2011) hervorging.
Olimpico: Römisches Fußballstadion mit Leichtathletikanlage, erbaut 1932.

S. 29: *Giochi della Gioventù*: Italienische nationale Leichtathletik-Jugendmeisterschaften seit 1968.

Acqua Vergine: Das einzige bis heute erhaltene und funktionierende von elf Aquädukten in Rom.

S. 30: »Das Leben ist ein Blitz (so rasch ist es vorüber).«

Ron English: Amerikanischer Künstler (geboren 1959), der das Motiv »Baby Hulk« in mehreren Graffiti international dargestellt hat.

David Vecchiato: Italienischer Street-Art-Künstler (geboren 1970), der in Rom zahlreiche großformatige bis monumentale Arbeiten geschaffen hat.

S. 33: *Risorgimento*: Italienisch für »Wiedererstehung«, die Epoche nach dem Wiener Kongress 1815 bis 1870 in den Fürstentümern und Regionen Italiens, in der bei verschiedenen Erhebungen und Aufständen vor allem gegen die Vorherrschaft der spanischen Bourbonen im Süden und gegen die der habsburgischen Österreicher im Norden Italiens versucht wurde, die italienische Einheit in einem unabhängigen Nationalstaat Italien durchzusetzen.

Giuseppe Garibaldi: (1807-1882), italienischer Revolutionär, einer der Protagonisten des Risorgimento.

Giuseppe Mazzini: (1805-1872), Jurist, Freiheitskämpfer im Rahmen des Risorgimento.

Carlo Pisacane: (1818-1857), italienischer Politiker, Schriftsteller, wichtige Figur des Risorgimento.

Goffredo Mameli: (1827-1849), Dichter (Autor der italienischen Nationalhymne), wichtiger Vertreter des Risorgimento.

Aurelio Saffi: (1819-1890), italienischer Politiker während des Risorgimento im radikalen republikanischen Flügel von Mazzini.

Carlo Armellini: (1777-1863), Anwalt und Politiker zu Zeiten des Risorgimento.

S. 34: *Colomba Antonietti*: (1826-1849), kämpfte im ersten italienischen Unabhängigkeitskrieg und starb beim Angriff der Franzosen auf Rom.

Luigi Porzi: Römischer Adeliger, Mann von Colomba Antonietti.

Fontanone: La Fontana dell'Acqua Paola auf dem Gianicolo, von Flaminio Ponzia und Giovanni Fontana entworfen. Ob seiner Größe von den Römern »Er Fontanone« – der große Brunnen genannt.

Anita Garibaldi: Geborene Ana Maria De Jesus Ribeiro da Silva (1821-1849), Brasilianerin, Revolutionärin, Frau von Garibaldi.

Menotti Garibaldi: (1840-1903), erstgeborener Sohn von Giuseppe und Anita, Politiker und Soldat.

Mario Rutelli: Italienischer Bildhauer und Bronzegießer (1859-1941).

Calamity Jane: Martha Canary (1856-1903), US-amerikanische Wild-West-Heldin.

S. 35: *Ivano Fossati*: Italienischer Sänger (geboren 1951); »... Wir haben die Art der Italiener Argentiniens ...« (Song von 1990).

Manfredo Manfredi: Italienischer Architekt (1859-1927).

»Du kommst mir vor wie der Leuchtturm auf dem Gianicolo!«

S. 36: *Die Lucky Boys* (ital. *Non ci resta che piangere*, 1984): Film von und mit Roberto Benigni und Massimo Troisi.

S. 39: *Luigi Moretti*: Italienischer Architekt (1907-1973).

Luigi Rolland: Belgischer Architekt (1852-1921).

S. 40: *Gaspard Dughet* (auch »Poussin«): Italienischer Landschaftsmaler (1615-1675).

Nicolas Poussin: Französischer Maler (1594-1665).

S. 41: *Ädikula*: Kleiner antiker Tempel, kleiner Aufbau zur Aufnahme eines Standbildes.

S. 43: »Wer nicht mitkämpft, ist ein echter Hurensohn.«

S. 44: *Jean-Auguste-Dominique Ingres*: Französischer Maler (1780-1867), 1834-1841 Direktor der Académie de France in Rom.

Balthus: Pseudonym von Balthasar Klossowski de Rola, deutsch-polnisch-französischer Maler (1908-2001), 1961-1977 Direktor der Académie de France in Rom.

Detti e fatti memorabili von Valerio Massimo: Valerius Maximus, lateinischer Schriftsteller (ca. 20 v. Chr. – 50 n. Chr.). »Facta et dicta memorabilia« ist eine Sammlung von Anekdoten aus der Zeit des Kaisers Tiberius.

Peter Paul Rubens: Flämischer Maler (1577-1640).

Guercino (»Der Schieler«): Pseudonym von Giovanni Francesco Barbieri, italienischer Maler (1591-1666).

S. 45: *Mario Luzi*: Italienischer Lyriker und Essayist (1914-2005). »Schwalbe sein: ... Ist Leiden / oder ist Seligkeit in dieser Inbrunst, / im Atemlossein? / Was ist denn in jenem Strudel / des Lebens innerhalb seines Geheges? / Sie sind frei / diese Seelen, / doch frei, nur in einem bestimmten / Rhythmus zu fliegen ... / was meint denn der federnde Rückfall, / was der steilstrahlende Aufstieg, / der rasende Pfeilschuß – / oft verbirgt sich / ein Gedanke, doch / manchmal / läßt er sich lesen, / überall ist er / geschrieben, überall wirkend. / Ihn vielleicht/ drücken sie aus und schrein hinaus in Qual / und in Trunkenheit, / tobend – Das heißt für sie Schwalben zu sein, / in dieser Ruhelosigkeit ist ihr Friede.« (Übersetzung: Gio Batta Bucciol und Irmgard B. Perfahl).

S. 47: *Marchese Massimiliano Palombara*: An Alchemie interessierter Adeliger auf der Suche nach dem Stein der Weisen (1614-1680).

S. 49: *Ponte Sublicio*: Älteste Brücke von Rom, auch Ponte Aventino genannt.

S. 50: *Villa Strohl-Fern*: Vom Mäzen und Maler Alfred Wilhelm Strohl (1847-1927) zu Ende des 19. bis Mitte des 20. Jahrhunderts realisiertes Refugium für Künstler unterschiedlicher Sparten im Park der Villa Borghese in Rom. Seit 1957 ist dort mit dem Lycée Chateaubriand di Roma eine öffentliche französische Schule untergebracht.

S. 51: *Amelie Posse*: Schwedische Autorin (1884-1957), die sieben Jahre lang im Vatikan lebte.

Arturo Martini: Italienischer Bildhauer (1889-1947).

Carlo Levi: Italienischer Schriftsteller, Maler und Politiker (1902-1975).

Paul Morand: Französischer Schriftsteller und Diplomat (1888-1976).

Matilde Serao: Italienische Schriftstellerin (1856-1927).

Carlo Socrate: Italienischer Maler (1889-1967).

Thebais: Frühchristliche Einsiedelei in der Gegend von Theben.

S. 52: *Artiglio della Tigr*e: Wörtlich »Tigerklaue«, auch Name eines Bitter-Getränks, das vornehmlich zum Mixen von Cocktails verwendet wird.

S. 53: *Ernesto Nathan*: Italienischer Politiker (1845-1921), römischer Bürgermeister von 1907-1913.

Muro Torto: Römische Stadtmauer in der Nähe des Pincio.

S. 55: *Francesco Rutelli*: Italienischer Politiker (geboren 1954), in den Neunzigerjahren war er Bürgermeister von Rom, 2006 bis 2008 war er stellvertretender Ministerpräsident und Kulturminister Italiens.

S. 56: »Jetzt schau mal, mit wem wir uns da angelegt haben.«

Prospero Antichi: Italienischer Bildhauer (verstorben 1599).

Gregor XIII.: (1502-1585), war von 1572 bis 1585 Papst.

S. 57: *Costantino Maes*: Italienischer Publizist und Bibliothekar (1839-1910).

S. 60: *Ritmo*: Fahrzeugmodell der Kompaktklasse von Fiat, das von 1978-1988 gebaut wurde.

S. 61: *Camillo Sbarbaro*: Italienischer Dichter (1888-1967), Zitat aus dem Gedicht »Liguria«.

Giovanni Caboto: Italienischer Seefahrer (um 1450-1498). Erreichte nach den Wikingern im 11. Jahrhundert als erster europäischer Entdecker das nordamerikanische Festland.

Sepolcri degli Scipioni: Grabmal der Scipionen, unterirdische Grabanlage, die um 280/270 v. Chr. angelegt wurde.

S. 62: *Davide Ancilotto*: Italienischer Basketballspieler der ersten Liga (1974-1997), der an einem Aneurysma starb.

S. 65: *Grock*: Schweizer Clown (1880-1959).

S. 66: »Kauft, Frauen, kauft ein, es ist alles frisch, so frisch, dass es noch atmet.«

»Ihr wollt mich ruinieren, ihr wollt, dass ich alles wegschmeiße, ich verschenke doch alles, das sind keine Preise, das ist weniger als gar nichts.«

»Ich kann dir drei Euro geben.« »Nein, ich möchte fünf.« »Also gut, machen wir vier.« »Du erfindest Dir eh Deine eigene Mathematik.«

»Also, erzählst du's mir?« »Das ist die dritte Laterne gegenüber der anderen Brücke ... Siehst du das hier?« »Ja ... Sieht so aus, als hätte jemand sein Moped anketten wollen ...« »Blödmann. Das ist die sogenannte Kette der Verliebten. Man hängt ein Vorhängeschloss an die Kette, schließt es ab und wirft den Schlüssel in den Tiber.« »Und dann?« »Bleibt man für immer zusammen.« (Übersetzung: Brigitte Lindecke).

Federico Moccia: Italienischer Schriftsteller mit Kultstatus bei Jugendlichen. *Ho voglia di te* (*Ich steh auf Dich*) erschien 2006 und begründete den Brauch, als Liebesschwur Vorhängeschlösser an der Milvischen Brücke zu befestigen.

S. 69: *Dialog über die zwei Weltsysteme*: 1632 in Florenz erschienenes Werk von Galileo Galilei (1564-1642), mit dem er sich für die Akzeptanz des kopernikanischen Weltbildes einsetzte.

»Dieses Ding da ist zu laut, es war besser, als wir noch Karten gespielt haben.«

Sandro Pertini: (1896-1990), italienischer Politiker, war von 1978 bis 1985 italienischer Staatspräsident.

S. 70: *Riviera romagnola*: Ein ca. 90 km langer Abschnitt der Adriaküste rund um Rimini, bekannt für seine Lokale und Geselligkeiten.

S. 72: »... besser als nichts.«

»... Aber Amerika ist weit weg, auf der anderen Seite des Mondes ...«

Lucio Dalla: Bedeutender italienischer Liedermacher (1943-2012).

S. 76: *Attilio Lapadula*: Italienischer Architekt (1917-1981).

S. 77: *Pietro Bernini*: Italienischer Bildhauer, Maler und Restaurator (1562-1629).

S. 83: *James George Frazer*: Schottischer Ethnologe und klassischer Philologe (1854-1941).

Gaius Caesar Augustus Germanicus Caligula: (12-41), römischer Kaiser (37-41).

S. 85: *Antonello da Messina*: Eigentlich Antonio di Giovanni d'Antonio, italienischer Maler (1429/30-1479).

Andrea Mantegna: Italienischer Maler (1430/31-1506).

Sandro Botticelli: Italienischer Maler und Zeichner (1445-1510).

Perugino: Eigentlich Pietro di Cristoforo Vannucci, italienischer Maler (1445/48-1523).

Sodoma: Eigentlich Giovanni Antonio Bazzi, italienischer Maler (1477-1549).

S. 86: *Carlo Giuliani*: Italienischer Demonstrant (1978-2001), der im Rahmen der Proteste gegen den G8-Gipfel in Genua 2001 erschossen wurde.

Arditi del Popolo: Antifaschistische italienische Organisation, die von 1921 bis 1924 bestand.

Langnase: Römischer Brunnen im öffentlichen Bereich, der Trinkwasser verteilt und einen geschwungenen Auslauf aus Eisen hat.

S. 87: *Pietro Lombardi*: Italienischer Architekt (1894-1984).

S. 90: *Rationalismus*: Ital. »Razionalismo«, eigene Ausprägung der italienischen faschistischen Architektur, wenn auch in Verbindung mit dem internationalen Funktionalismus.

S. 91: *Ferragosto*: So wird in Italien der Feiertag genannt, der auf den 15. August fällt, heißester Tag, Wendepunkt des Sommers, an dem alle Italiener zumindest kurz die Stadt verlassen, wenn sie nicht verreisen.

S. 92: *Simón Bolívar*: Unabhängigkeitskämpfer und Nationalheld vieler südamerikanischer Länder (1783-1830).

S. 93: *Jorge Castillo*: Spanischer Maler und Grafiker (geboren 1933).

S. 97: *EUR*: Esposizione Universale di Roma, Stadtviertel im Süden Roms, das ab 1938 errichtet wurde.

S. 99: *Capra Amalthea*: Die mythologische Ziege Amalthea, die den Gott Zeus mit ihrer Milch aufzog.

S. 101: *Carlo Borromeo*: Karl Borromäus, (1538-1584), italienischer Kardinal und Erzbischof von Mailand, der sich für die Gegenreformation einsetzte.

Giovanni Lanfranco: Italienischer Maler (1582-1647).

Andrea Sacchi: Italienischer Maler (1599-1661).

Scipione Pulzone: Italienischer Maler (1550-1598).

Alessandro Manzoni: Italienischer Schriftsteller (1785-1873).

Giuseppe Gioachino Belli: Römischer Dichter (1791-1863).

Trilussa: Pseudonym für Carlo Alberto Salustri, römischer Schriftsteller (1871-1950).
Cesare Pascarella: Römischer Dichter und Maler (1858-1940).
Mario Ridolfi: Italienischer Architekt (1904-1984).

S. 102: *Accidia*: Italienisch für »Trägheit, Unlust«.
Fannullone: Italienisch für »Faulpelz, Nichtstuer«.
»Wem geht's besser als mir? / Ich streck mich mitten auf der Wiese aus / zwischen Mohn und Löwenmäulchen / und fühl' mich als Herr der Schöpfung / Aber der Himmel ist zu klar: ich angle mir eine Nazionale aus dem Päckchen / und daraus wird vielleicht eine Wolke, / und so regnet's morgen und ich bleib im Bett.«
»Eine schiefe Straße, eine dunkle Straße – und grade noch / zwischen Dach und Dach ein Sonnenstrahl / eine enge Straße: aber zum Fluss ist's nur ein Schritt / und der Fluss bringt ein bisschen frische Luft / von bewegtem Schilf und Rauschen von Flusssand.«

S. 103: *Giubileo 1300*: In diesem Jahr rief Papst Bonifaz VIII. das erste »Heilige Jahr« der katholischen Kirche aus. Den Gläubigen sollte nach Erfüllung bestimmter Bedingungen ein vollständiger Ablass gewährt werden.
Orso: Italienisch für »Bär«.
»Hey, du da, Kerl, was brauchst du? Hier kannst du dich fast kostenlos neu einkleiden, bleib stehn, ich fress dich schon nicht, ich will dich bloß elegant sehen, schau bloß diese Jeans an! Wir geben praktisch alles umsonst her.«

S. 108: *Maria Montessori*: Italienische Philosophin, Philanthropin, Ärztin und Reformpädagogin (1870-1952).
Edoardo Talamo: Italienischer Ingenieur und Politiker (1858-1916), engagierte sich für bessere Wohnungen in armen Vierteln.

S. 110: *Beato Angelico*: Name für Fra Angelico, italienischer Maler (ca. 1395-1455).

Francesco Grassia: Italienischer Bildhauer (ca. 1600-1670).

S. 111: »Steh auf und nimm ...«: Evangelium nach Matthäus 2,13.

»Josef, Sohn Davids ...«: Matthäus 1,20.

Domenico Guidi: Italienischer Bildhauer (1625-1701).

S. 112: *Me cenate a casa*: Italienisch für »Esst doch bei mir zuhause heute Abend«.

Horaz: Eigentlich Quintus Horatius Fleccus (65 v.Chr. - 8 v.Chr.).

Vergil: Publius Vergilius Maro, lateinischer Dichter (70 v.Chr. - 19 v.Chr.).

Gaius Cornelius Gallus: Römischer Dichter und Politiker (um 70 v.Chr.-27/26 v.Chr.).

Properz: Sextus Aurelius Propertius (ca. 48 v.Chr. - 15 v.Chr.), römischer Dichter.

Federico Fellini: Italienischer Filmemacher (1920-1993).

S. 114: *Franz Pforr*: Deutscher Maler (1788-1812).

Franz Horny: Deutscher Maler (1798-1824).

Carl Philipp Fohr: Deutscher Maler (1795-1818).

Giorgio de Chirico: Italienischer Maler (1888-1978).

S. 115: *Gregorio Sciltian*: Armenischer Maler (1900-1985).

Lucio Fontana: Italienischer Künstler (1899-1968).

Ugo Ojetti: Italienischer Schriftsteller und Kunstkritiker (1871-1946).

Roberto Longhi: Italienischer Kunsthistoriker (1890-1970).

S. 116: *Scuola di Via Cavour*: Gruppe von expressionistischen Malern in Rom (1928-1945), auch Römische Schule genannt. Gegründet von Antonietta Raphaël und Mario Mafai.

S. 118: *Pompeo Batoni*: Italienischer Maler, Erfinder des Touristenporträts (1708-1787).

S. 120: *Cola di Rienzo*: Römischer Politiker (1313-1354).

Stefano Colonna: Italienischer Kardinal (gestorben 1378).

Weiße Nacht: Die »Notte Bianca«, ein seit 2003 durchgeführtes römisches Stadtfest, bei dem Lokale und Museen durchgehend geöffnet sind, zahlreiche Musik- und Theaterveranstaltungen stattfinden ... Der Eintritt zu allen Veranstaltungen ist frei.

S. 121: *Eugenio Montale*: Italienischer Schriftsteller (1896-1981), Nobelpreisträger, Zitat aus dem Werk »Ossi di Seppia« (»Tintenfischknochen«) aus seinem ersten Gedichtband 1925: »Ich wußte nicht, war außerhalb des Wunders, / das Gottes Teilnahmslosigkeit erschließt: / Das Standbild, das im heißen Mittag dämmert, / die Wolke oder hoch im Blau der Falke.« Aus: Eugenio Montale. *Glorie des Mittags*. Ausgewählte Gedichte. Übersetzt von Herbert Frenzel.

S. 122: *Vinicio Capossela*: Italienischer Liedermacher (geboren 1965).

S. 124: »Ausdrücke, die einst ...«: Aus Marc Aurels *Selbstbetrachtungen*, Nr. 33, übersetzt von Wilhelm Capelle.

S. 126: *Pagnotte*: Runde italienische Hefebrötchen.

Rosetta: Ein in Rom typisches überproportional hohes Brötchen, das innen hohl ist.

Pizza bianca: Im Gegensatz zur herkömmlichen Pizza, die mit Tomatensauce bestrichen ist, wird bei der Pizza bianca Ricotta verwendet.

S. 127: »Da ist eine Biene, die sich auf eine Rosenknospe setzt: Sie saugt daran und fliegt fort. Alles in allem: Zum Glück braucht es nicht viel.«

S. 128: *Edgar Lee Masters*: US-amerikanischer Schriftsteller (1868-1950), verfasste den umfassenden Gedichtband *Spoon River Anthology*. Von diesen Gedichten adaptierte Fabrizio de André einige auf seinem Album *Non al denaro non all'amore né al cielo*, das 1971 erschien.

S. 130: *Jacopo Sansovino*: Italienischer Bildhauer und Architekt (1486-1570).

»Im Schatten von Zypressen und in Urnen / getrost von Klagen: ist da vielleicht der Schlaf / des Todes minder ehern?« (Aus: *Von den Gräbern*, übersetzt von Ernst Halter).

Ugo Foscolo: Italienischer Dichter (1778-1827).

»... alle / Dinge schlägt das Vergessen in seine Nacht« (ebd.).

»Im Schatten der Zypressen oder in einem Funkelstein, ist da vielleicht der Schlaf des Todes weniger dumm?«

S. 132: *John Keats*: Englischer Dichter (1795-1821).

Jane Campion: Neuseeländische Filmregisseurin (geboren 1954). Ihr Film *Bright Star* erzählt von der Liebesbeziehung zwischen dem jungen John Keats und der fünf Jahre jüngeren Fanny Brawne.

S. 136: *Fosse Ardeatine*: Ardeatinische Höhlen, Ort des Massakers am 24. März 1944.

S. 138: *Mario del Monaco*: Italienischer Operntenor (1915-1982).

S. 140: *Francesco Borromini*: Italienischer Architekt (1599-1667).

S. 142: *Usa e getta*: Italienisch für »Benutzen und wegwerfen«, Einwegprodukte.

Benjamin Franklin: US-amerikanischer Politiker, Erfinder, Naturwissenschaftler, Drucker, Schriftsteller (1706-1790). Er erfand unter anderem den Blitzableiter.

Giove Pluvio: Erscheinungsform von Jupiter.

S. 143: *Giulio Monteverde*: Italienischer Bildhauer (1837-1917).

Il lampo: »Der Blitz«, Gedicht von Giovanni Pascoli (1891 Erstveröffentlichung).

Il lampo: »Der Blitz«, Gedicht von Giovanni Pascoli (1891 Erstveröffentlichung): »Und zeigten sich Himmel und Erde, wie sie waren: / die Erde des Atems benommen, bleiern und zuckend; / der Himmel versperrt, tragisch, verstört und zernichtet.«

S. 144: *Carbonari*: (Italienisch für »Köhler«), bedeutendster Geheimbund in den italienischen Staaten des 19. Jahrhunderts, Betreiber des Risorgimento.

S. 146: »Los, verzagt nicht, nehmt Eure ganze Kraft zusammen!«
Enrico Del Debbio: Italienischer Architekt (1881-1973).
Francesco Messina: Italienischer Bildhauer (1900-1995).
Libero Andreotti: Italienischer Bildhauer und Zeichner (1875-1933).
Silvio Canevari: Italienischer Maler und Bildhauer (1893-1951).

S. 147: *Andrea del Verrocchio*: Eigentlich Andrea di Michele Cioni, italienischer Künstler (1435-1488).
Aroldo Bellini: Italienischer Bildhauer (1901-1984).
Domenico Fontana: Italienischer Maler, Bildhauer und Architekt (1543-1607).
Pietro da Cortona: Italienischer Maler und Baumeister (1596-1669).

S. 148: *Lorenzo Ferri*: Italienischer Bildhauer (1902-1975).

S. 149: »Dann kam die Kunst, der Hunger, die Mühsal / das Gefängnis, die Verwaltung / das Krankenhaus, die Schulden / die Weiber / die Sonne im Sommer / der Schnee im Winter ... / Und zuletzt / Gott möge uns segnen / der Tod, und das Ende in der Hölle.«
»Wir sehen uns um halb acht unter dem Heiligen.«

S. 150: *Giuseppe Tonnini*: Italienischer Bildhauer (1875-1954).
Amleto Cataldi: Italienischer Bildhauer (1882-1930).

S. 152: *Padre Angelo Secchi*: Italienischer Astronom, Jesuit (1818-1878).
Giuseppe Prinzi: Italienischer Bildhauer (1825-1895).
Zuaven: Angehörige historischer Infanterieeinheiten.

S. 158: *Gianduiotti*: Nougatpralinen aus Turin.

S. 162: *Annibale Carracci*: Italienischer Maler (1560-1609).

Domenichino: Eigentlich Domenico Zampieri, italienischer Maler (1581-1641).

S. 164: *Jorge Luis Borges*: Argentinischer Schriftsteller (1899-1986).

S. 166: *Giacomo Leopardi*: Italienischer Dichter (1798-1837). »Aber ach, es weitet kein Wissen uns die Welt; geringer nur wird sie, und Erde, Himmel, Meere sind dem Weisen nicht so groß wie einst dem Kind.« (Übersetzt von Hanno Helbling).

S. 167: *L'Angelica*: Die Biblioteca Angelica, 1604 von Angelo Rocca gegründet, 1614 für die Allgemeinheit geöffnet.

Silvestro Moroncelli: Silvestriner Abt der Gemeinschaft St. Stephan-Cacco, Kosmograph, Geograph und Vermesser (1652-1719).

S. 171: *Aldo Palazzeschi*: Italienischer Schriftsteller und Intellektueller (1885-1974).

Ennio Flaiano: Italienischer Schriftsteller (1910-1972).

Gabriele D'Annunzio: Italienischer Schriftsteller (1863-1938).

Vitaliano Brancati: Italienischer Schriftsteller (1907-1954).

S. 172: *Goffredo Petrassi*: Italienischer Komponist (1904-2003).

Sandro Penna: Italienischer Dichter (1906-1977).

Stefano Maderno: Italienischer Bildhauer (ca. 1575-1636).

S. 175: *Luigi Frappi*: Italienischer Künstler (geboren 1938).

S. 176: *Zygmunt Bauman*: Polnisch-britischer Philosoph und Soziologe (geboren 1925).

S. 177: *Ludovico Ariosto*: Italienischer Schriftsteller und Humanist (1474-1533), Zitat aus *Satire 1*, vv 52-57: »Auf Reisen geh, wer Lust zu reisen hat! / Er sehe Spanien, England, Ungarn, Frankreich: Mir ist nur wohl in meinem Vaterlande. / Gesehen hab' ich Toskana und Romagna, die Lombardei, / und jenen Berg, der theilt, / Italien, und jenen, der es einschließt, und beide Meere, die ihm die Gestade peitschen. / Dies genügt mir. Den Überrest der Erde, / es sei die Welt in

Frieden oder Krieg, will ich, ohn' einen Wirth je zu bezahlen, / an meines Ptolemäus Hand bereisen.« (Übersetzt von Christian Wilhem Ahlwardt).

S. 179: *Anvedi!*: »Das darf doch nicht wahr sein!«

S. 181: *Renzo Piano*: Italienischer Architekt, geboren 1937.

Mitarbeit an den Anmerkungen: Sabine Haydl

**Unsere »Lieblingsorte« –
Reise-, Geschenk- und Lesebücher,
die viele Überraschungen bereit-
halten und zum Neuentdecken
der schönsten Städte einladen!**

Sie frühstücken auf einem der stimmungsvollsten Plätze der Stadt, der Piazza Santa Maria in Trastevere, mit Cappuccino und Cornetto. Dann bummeln Sie über den Gianicolo-Hügel, mit Blick auf Rom und die Abruzzen-Gipfel, hinüber zum Vatikan und entdecken unterwegs zwei Heldinnen des römischen Freiheitskampfes. Nach einem Besuch im kleinsten Staat der Welt erholen Sie sich bei einer *grattachecca*, einem Wassereis mit Fruchtsirup. Am Nachmittag erleben Sie die geheimnisvolle Welt der Etrusker in der Villa Giulia, bevor es zum Abendessen ins Testaccio-Viertel geht. Hier genießen Sie römische Spezialitäten wie eine *Coda alla vaccinara* oder *Carciofi alla romana*. Anschließend wartet die Bar auf der Dachterrasse des Hotels Atlante Star auf Sie, mit einem späten *caffè* oder einem Drink mit Blick auf die Kaiserforen.

Lieblingsorte Rom. Herausgegeben von Stefan Ulrich.
insel taschenbuch 4452. 200 Seiten.

NF 327/1/4.16

»Manches werden selbst Einheimische nicht kennen. Lieblingsorte eben.«
Lonely Planet Traveller

Sie fühlen sich heimisch in Barcelona? Sie werden überrascht sein, was es dort noch alles zu entdecken gibt!
Barcelona ganz anders: Peter Schwaar, der Übersetzer von Eduardo Mendoza und Carlos Ruiz Zafón, führt Sie durch die »Stadt der Wunder«. Er zeigt Ihnen Spaniens älteste Synagoge, besucht mit Ihnen die umgebaute Stierkampfarena auf der Plaça Espanya und schlendert mit Ihnen durch Sant Andreu. Auf dem Büchermarkt Sant Antoni entdecken Sie seltene Filmplakate, alte Postkarten und schön illustrierte Bücher. Mit der Hafenseilbahn gondeln Sie von der Barceloneta auf den Montjuic, und am Abend kommen Sie in den Genuss der Spezialitäten der katalanischen Küche und probieren die besten Tapas der Stadt.

Lieblingsorte Barcelona. Herausgegeben von Peter Schwaar. insel taschenbuch 4363. 190 Seiten.

NF 328/1/4.16

»Nichts wie hin! In *Lieblingsorte* verraten Autoren Insider-Tipps für ihre Heimatstädte – vom besten Fischbrötchen bis zum Büchermarkt.«
Living at Home

Sie lieben Hamburg? Sie werden überrascht sein, was es dort *noch* alles zu entdecken gibt!

Wie könnte ein perfekter Tag in Hamburg aussehen? Zum Beispiel so: Er beginnt in einem der schönsten Cafés der Stadt mit herrlich-nostalgischem Flair. »In die Gänge« kommen Sie anschließend im gleichnamigen Viertel, und in der benachbarten Poolstraße entdecken Sie im Hinterhof einen versteckten Tempel. Am Mittag lauschen Sie einem Lunchkonzert an der Börse und fahren danach Paternoster im Slomanhaus. Am frühen Abend genießen Sie die außergewöhnliche Aussicht vom nördlichsten Weinberg Deutschlands auf den Hamburger Hafen und stärken sich an den Landungsbrücken Nr. 10 mit den besten Fischbrötchen der Stadt, um dann beim Nachtflohmarkt im Schanzenviertel den Tag (vorerst) zu beschließen.

Lieblingsorte Hamburg. Herausgegeben von Birgit Haustedt. insel taschenbuch 4290. 223 Seiten.

NF 329/1/4.16